Familien feiern das Kirchenjahr

ISBN: 978-3-902336-05-7

2. neu überarbeitete Auflage 2016

Grafik: Günther Oberngruber, b17 – Büro für Mediengestaltung
Lektorat: Romana Oberngruber
Titelfoto: fotolia © drubig-photo
Druck: General Druckerei

EHE FAMILIE BUCH
BUCHHANDLUNG VERLAG
5225 Jeging, Österreich, www.ehe**familie**buch.at

Maria Prügl

Familien feiern das Kirchenjahr

Jahr der Natur und Jahr der Gnade | Die Feste im Kirchenjahr
Leben im Glauben | Der Sonntag | Christliches Brauchtum

EHE FAMILIE BUCH

SCIO CUI CREDIDI

Familien feiern das Kirchenjahr

Was ist das, das Kirchenjahr? Konkurrenz zum öffentlichen Kalender? Sicher nicht, sondern ein liturgisches Nacherleben der Heilsgeschichte, Jahr für Jahr wieder. Immer dasselbe? Ja, weil wir Menschen nur langsam begreifen. Vielleicht jedes Jahr ein wenig mehr, ein wenig tiefer. Man könnte auch sagen: Wir wandern gemeinsam durch das Leben Jesu – und das kleine Buch ist wie ein Reiseführer, der Sie von Station zu Station weiterführt und Ihnen sagt, welche Sehenswürdigkeit oder „Erlebnis-Würdigkeiten“ Sie finden werden.

Das haben die Christen immer gewusst, dass man auch Hilfe zum Verstehen und Hilfe zum Sehen braucht! Die Künstler haben auf ihre Weise versucht, behilflich zu sein, und so zeigt Ihnen das Buch immer wieder Bilder, Bilder auf Messgewändern, die sagen, was geschehen ist, damals im Land der Juden. Und worum es geht.

Nehmen Sie das Buch zur Hand, gehen Sie die Wege mit der ganzen Familie nach, und Sie werden viel entdecken, viel Schönes, Hilfreiches, Bereicherndes, Tröstendes und Stärkendes. Eigentlich ist das „Kirchenjahr“ nichts anderes als die „gute Nachricht“ davon, dass Gott selbst nicht „im Himmel geblieben“ ist als großer Zuschauer, sondern „Mensch geworden ist und unter uns gelebt hat“ – und lebt, lebt in der Liturgie. Die Liturgie lädt Sie und Ihre Familie ein, Ihm selbst, Gott, zu begegnen. So ist das Buch nicht ein „Führer von der Stadt XY“, sondern ein Führer zur Gottesbegegnung, Ihrer Gottesbegegnung!

+Weihbischof Dr. Andreas Laun

Familien feiern das Kirchenjahr

Nicht Kirche, Schule, Kindergarten – sondern die Familie.

Nicht bloß Advent, Weihnacht und Ostern, sondern das ganze Kirchenjahr! Wie bedeutungsvoll die Familie als Hauskirche ist, zeigt eine wahre Begebenheit der Kirchengeschichte Japans:

Am 17. März 1865 feierte der französische Missionar Petit Jean nach seiner Ankunft in Japan die heilige Messe am Fuß des Nagasaki. Nach 200 Jahren Abwesenheit von Missionaren, sie wurden umgebracht, die Kirchen zerstört oder als Lagerhäuser benutzt, glaubte niemand mehr, dass der Glaube auch nur in Resten überlebt hätte.
Doch es stellten sich einige Japaner ein: Höflich, scheu, vorsichtig fragten sie Pater Johannes nach seinem Glauben. Welchen Namen sein Gott habe, ob er Jesus Christus kenne, nach der Verehrung der Muttergottes, ob er ehelos sei und ob die Gläubigen einem gewissen Papst gehorchen würden?
Er konnte alles bejahen. Überglücklich erkannten sie ihn als wahren Glaubensboten jenes Glaubens, wie sie ihn von ihren Vorfahren überliefert bekommen haben. Über zwei Jahrhunderte blutige Verfolgung hatte der Glaube in den Häusern überlebt, ohne äußere Strukturen, ohne Kirchen und Priester. Hauskirche ist die Katakombe sowohl in Zeiten der Verfolgung als auch des Glaubensabfalls der Säkularisierung.

Zum Kirchenjahr gibt es viele Bücher, worin genau unterscheidet sich das vorliegende? *Familien feiern das Kirchenjahr* versteht sich als praktische Wanderkarte in der **Hauskirche**▸, sie soll – im Glauben fundiert – Wissen vermitteln, praktisch und unkompliziert sein. Solches Feiern soll zugleich bewährte Traditionen und individuelle familiäre Entfaltung dynamisch verbinden. Die Feier des Kirchenjahres in der Familie ist eine der hervorragenden Möglichkeiten zur Weitergabe des Glaubens an die nächste Generation. Der große Theologe des vergangenen Jahrhunderts, Romano Guardini prägte das Wort in der liturgischen Erneuerungsbewegung: Die Kirche erwacht in den Seelen. Hoffnungsvoll meinen wir: Die Kirche erwacht in den Häusern! Der heilige Papst Johannes Paul II. stellt uns eindringlich vor Augen: „Europas Neue Evangelisierung wird weitgehend von den Hauskirchen abhängen", soweit in **Familiaris Consortio** (**FC**▸)

Haus voll Weisheit und Wissen

Viele Christen haben von der Hauskirche nie gehört, viele haben von der Kirche ein negatives Bild, deshalb auch von der Hauskirche. Es gibt so viele Missverständnisse zu diesem Thema: Hauskirche ist weder ein Haus mit Kapelle, noch soll man das Haus zu einem Kloster machen. Andere haben eine naive Vorstellung mit Romantik und Brauchtum.

Wahr ist: Hauskirche ist gebildet, voll Weisheit, voll Geborgenheit und Weite, voll Leben und Freude, voll Tiefe und Gewissheit, sprudelnde Quelle lebendigen Wassers. Selbstbewusste Familie mit gottgeschenkter, gesunder Autorität! Hauskirche spricht nicht nur Gemüt und Gefühl an, sondern Verstand und Wissen. Hauskirche will gebildet sein, sie kennt den Glauben, will ihn feiern und an die nächste Generation weitergeben. Wer den Grund eines Festes nicht weiß, nimmt nur die leeren Hüllen der Bräuche in Anspruch! Wer hingegen den Glauben kennt, kann gut und lebendig feiern, denn Bräuche sind die Seele des Volkes, sagte Papst Benedikt XVI. „Hauskirche ist eine theologische Wahrheit ersten Ranges."

Gottesfrage entscheidet über Europas Zukunft

Gelegentlich ermutigt unsere westliche Welt, andere Völker und Kulturen, „ihre eigene Identität und Kultur" zu retten und zu bewahren. Nichts dagegen einzuwenden. Doch diese Identitätsfindung haben wir Europäer selbst dringend nötig. Den Kulturverlust erleben wir selbst dramatisch und sind beunruhigt. Wir müssen wissen: Europas Identität ist das Christentum. Im Zeichen des Kreuzes hat Europa seine hohe Kultur hervorgebracht. Papst Benedikt XVI. benennt anlässlich des Österreichbesuches im September 2007 in Mariazell Ursache und Folgen der tiefen Krise: „Wenn es Wahrheit für den Menschen nicht gibt, kann er auch letztlich nicht Gut und Böse unterscheiden. Und dann werden die großen und großartigen Erkenntnisse der Wissenschaft zweischneidig." Er ermahnt die Gläubigen, „unruhige und offene Herzen zu haben und unermüdlich nach Wahrheit zu streben. Christen müssen Menschen suchenden Herzens sein, wie Maria, Josef und die übrigen Heiligen, die sich nicht in Gewohnheiten einhausten, sondern nach dem Größerem Ausschau hielten. Pilgern heißt: eine Richtung haben, auf ein Ziel zuzugehen. Das gibt auch dem Weg und seiner Mühsal seine Schönheit." Die Wahrheitsfrage entscheidet über Europas Zukunft.

Durch den Glaubensverlust, haben wir auch schöne Traditionen, sinnvolle Bräuche und gute Gewohnheiten verloren und neue noch nicht wieder geschaffen. Der Landwirt weiß: Im nicht bestellten Feld beginnt rasch Unkraut zu wuchern, das gilt auch im geistigen Sinn. New Age und Geisterglauben, leere Riten und heidnische Bräuche nehmen den Platz ein. Viele Eltern sind zu Recht besorgt etwa über das **Halloween-Spektakel**▸. Den Kindern jedoch gefällt es, wie sie sagen, dass „ein Geist an ihrer Türe war". Unschwer lässt sich die

Sehnsucht nach dem Metaphysischen erkennen, heidnische Gepflogenheiten nehmen den Platz ein. „Wird der Glaube beim Fenster hinausgeworfen, kommt der Unglaube zur Tür herein“ sagt ein Sprichwort. Halloween zeigt stellvertretend das schon lange bestehende Defizit der Verkündigung des Glaubens und die Sehnsucht nach der Wahrheit. Je gefestigter der Glaube, umso gesunder unser Feiern in der Hauskirche.

Liturgisches Jahr▸ oder Kirchenjahr (Komp▸, Nr. 24)
Im Liturgischen Jahr feiert die Kirche fortlaufend das ganze Mysterium Christi, von der Menschwerdung bis zur Wiederkunft in Herrlichkeit. An bestimmten Tagen verehrt sie mit besonderer Liebe die Gottesmutter und feiert auch das Gedächtnis der Heiligen, die für Christus gelebt, mit ihm gelitten haben und verherrlicht werden.

Feiern braucht Wissen und Bildung

Deshalb beginnt jedes der Kapitel mit der Frage: Was feiern wir im Kirchenjahr? Dann erst die Frage: Wie feiern wir in der Familie, der Hauskirche. Und weil die Liturgie Lehrmeisterin im Glauben ist, ist Liturgische Bildung unerlässlich: Der Inhalt bestimmt die Form. Wie das Kirchenjahr (Weltkirche) reich an Festen und Feiern ist, so auch das Jahr der Hauskirche und zwar das ganze Jahr! Das ist Intention dieses Buches. Für die geistige und intellektuelle Mitfeier des Kirchenjahres, ob persönlich oder als Familie, ist die Begleitung durch den Sonntags-Schott-Messbuch, den Wochentags-Schott und das Stundenbuch der Kirche unerlässlich. Bei den einzelnen Festen und Hochfesten werde ich mich jeweils darauf beziehen. Mehr dazu auch in: *Die Kirche erwacht in den Häusern*, M. Prügl.

Weniger ist mehr!

Das vorliegende Buch enthält eine reiche Sammlung an Feierkultur, Kult und religiösen Bräuchen. Nicht alles ist für alle und es ist sinnvoll, dass jede Familie die eine oder andere Anregung auswählt und zugleich ihre eigene familiäre Kultur entfaltet. So wachsen wertvolle Traditionen, die gemäß ihrem Wesen nur vorsichtig und mit Sachkenntnis verändert werden sollen. „Man muss feste Bräuche haben“, lässt Saint Exupery den Fuchs im Kleinen Prinzen sagen. Auch unsere Lebenserfahrung bestätigt, dass Kinder z. B. den zuverlässigen Ablauf ihres Weihnachtsabends lieben. Manche Feste in Kirche und Hauskirche beanspruchen für nur

Hauskirche

Ideal oder Wirklichkeit

Hauskirche ist eine theologische Wahrheit. In einer säkularisierten Zeit kommt ihre einzigartige Bedeutung zum Leuchten.

einen einzigen Tag des Jahres eigene liturgische Farben (**Gaudete**▸ und **Laetare**▸), eigene Bräuche, Lieder, **Gebildebrote**▸ und sogar Tänze usw. Eindrucksvoll erlebte ich das in Spanien, wo zum **Patrozinium**▸ von San Fermin (Bischof und Märtyrer) die Pamploner, vom Jüngsten bis zum Ältesten, die traditionelle Kleidung in den Farben Rot (für Martyrium) und Weiß (für Reinheit) tragen. Sie feiern mit Prozession, rituellen Tänzen, **Gebildebrot**▸ und einer eigenen Hymne.

> ***Literarische Art dieses Buches***
> *Bücher dieser Art sind lebendig, immer in Entwicklung, nie fertig oder abgeschlossen. Themen werden oft nur in Stichworten angerissen, die Anregungen wollen weitergedacht werden. Schreiben Sie das Buch weiter, sammeln Sie und tragen Sie den spirituellen und praktischen Reichtum zusammen. Es würde mich sehr freuen, diesen Prozess anzustoßen.*

Glossar, Begriffliste

Das Buch enthält Begriffe, die nicht unbedingt als Allgemeinwissen vorausgesetzt werden können. Alle mit ▸ gekennzeichneten Begriffe verweisen auf Glossar S 124 ff.

Die geistige Krise Europas hat zwei Brennpunkte: Priestertum und Ehe. Diese zwei „Sakramente im Dienst der Gemeinschaft und der Sendung“ stehen in besonderer Beziehung. Das Zweite Vatikanische Konzil hat die Bedeutung der Familie und die Zuordnung der beiden Sakramente mehrfach betont. Dabei wurde das alte Wort Hauskirche oder Häusliches Heiligtum als „für die Zukunft der Kirche entscheidend“ tituliert. Das Wort „Hauskirche“ ist nicht neu, neu aber ist die Wertschätzung von höchster kirchlicher Stelle. Christliche Familien sollen demnach das Ehesakrament und die darauf gründende Hauskirche wieder oder neu entdecken und damit auch ihre eigene Identität.

Warum wird die christliche Familie Hauskirche genannt?

Weil die Familie die gemeinschaftliche und familiäre Natur der Kirche als „Familie Gottes” ausdrückt und verwirklicht. Alle Glieder der Kirche üben gemäß der je eigenen Berufung das durch die Taufe erworbene Priestertum aus und tragen dazu bei, dass aus der Familie eine Gnaden- und Gebetsgemeinschaft wird, eine Schule der menschlichen und christlichen Tugenden und ein Ort der ersten Verkündigung des Glaubens an die Kinder.

Hauskirche – wieder entdeckt!

Die Praxis der Hauskirche reicht in die Uranfänge der Kirche zurück: gläubig gewordene Familien waren Zentren der erfolgreichen Erst-Evangelisierung. Das II. Vatikanische Konzil hat uns diese „vergessene Einrichtung“ wieder in Erinnerung gerufen. Seither wird Hauskirche als modernes und hoffnungsvolles Konzept proklamiert, das viele junge Familien anspricht. Leider gibt es diesbezüglich alte und neue Missverständnisse. Wichtig ist deshalb, das korrekte und umfassende Verständnis von Familie als Hauskirche zu erwerben. Mehr dazu siehe *Die Kirche erwacht in den Häusern*, M. Prügl.

Kirche und Hauskirche sind keine Konkurrenz, sie bedingen und befruchten sich gegenseitig. Während die öffentliche Feierkultur des Kirchenjahres reich an schönen Feiern und Traditionen ist, scheint sich das Feiern in den christlichen Familien auf Advent, Weihnacht und Ostern zu beschränken. Schon Pfingsten, das dritte Hochfest im Kirchenjahr, hat in der Familie kein Brauchtum hervorgebracht. Zu Unrecht beschränkt sich Hauskirche für viele Katholiken, wenn überhaupt thematisiert, auf ein bisschen frommes Brauchtum in Advent und Weihnacht.

Hauskirche ist Hochkultur

Das Zweite Vatikanische Konzil hat diese wirksame Einrichtung in Erinnerung gerufen, seither wird die „Theologie der Hauskirche“ entfaltet. Das Apostolische Schreiben Familiaris Consortio (FC), von Papst Johannes Paul II. 1981 herausgegeben, bildet die Grundlage für eine erneuerte christliche Familienkultur. Das Ehesakrament ist das Fundament der Hauskirche, die Familie ist aber nicht bloß dann Hauskirche, wenn sie gemeinsam betet. Was immer die christliche Familie tut – sei es Gebet, Arbeit, Erholung, Erziehung, Katechese – das ganze Leben in allen Vollzügen macht die Familie zur Schule des Glaubens, der Liebe und des Lebens. Hauskirche ist somit das Fundament wahrer Hochkultur in Familie und Gesellschaft. Ein besonderer Vollzug ist und bleibt jedoch das gemeinsame Gebet und die Weitergabe des Glaubens in der Familie. Zur christlichen Kultur gehören auch Traditionen, christliche Bräuche und Riten. Sie sind die Art und Weise, wie christliche Feste gefeiert und der Alltag mit christlicher Kultur durchdrungen wird

Hauskirche – modern und zeitlos

Die „Hauskirche“ ist so alt wie die Kirche selbst. Hauskirchen waren der Anfang, wie die Heilige

Schrift mehrfach bezeugt: „Tag für Tag lehrten sie (die Apostel) unermüdlich im Tempel und in den Häusern und verkündeten das Evangelium von Jesus, dem Christus“ (Apg 5, 42). Es lohnt, auch einige Briefe des Neuen Testamentes auf Hauskirchen hin zu befragen. Über Jahrhunderte waren „gläubig gewordene Hausgemeinschaften“ der selbstverständliche Ort des religiösen Kultes und der Weitergabe des Glaubens. Erst als Kaiser Konstantin 312 das Christentum offen begünstigte, brauchten sich die Christen nicht mehr zu verstecken, sondern konnten öffentlich den Kult feiern. Im Laufe der Zeit wurden die Hauskirchen zunehmend durch Basiliken ersetzt. Die Christianisierung Europas brachte Hochkultur für Kirche und Gesellschaft. Doch nach mehr als 2000 Jahren Christianisierung stehen wir vor ähnlicher Herausforderung wie damals und fragen uns, wie die junge Kirche so erfolgreich sein konnte. Dabei stoßen wir auf das Konzept Hauskirche und ihre eigentliche Bedeutung. Die Kirche ist so lebendig, wie ihre Hauskirchen es sind.

Alte und Neue Missverständnisse

Bevor wir uns der „Theologie von Hauskirche“ zuwenden, ist es nötig, alte und neue Miss-verständnisse aufzuzeigen. Hauskirche wird seit dem Zweiten Vatikanischen Konzil zwar gelegentlich genannt, bleibt jedoch in der offiziellen Pastoral der Diözesen weitgehend unbeachtet. Woran könnte das liegen? Nun, Unwissen, Vereinfachungen und Verkomplizierungen führen oft zu Missverständnissen, zu bloßen Sentimentalitäten und leerem Brauchtum. Für viele klingt das Wort zu fromm, zu langweilig und idealisiert. Hauskirche scheint nicht attraktiv. Es fehlt die nötige Bildung! Ein Christ darf heute nicht dumm sein, er braucht auch das theologische Wissen, damit die Hauskirche ihre Dynamik und Kraft entfalten kann.

Hauskirche bedeutet nicht:

- Kapelle oder eigener Gebetsraum im Haus. Nein, der Hausaltar soll im Wohnzimmer sein, eine Art Mittelpunkt des Hauses.
- Klerikalisierung des familiären Bereiches. Nein, die Familie darf sich nicht zu einem kleinen Kloster entwickeln, sie hat ihre ureigene Spiritualität.
- Eucharistiefeier im Haus. Nein, die Familie soll zur Eucharistiefeier in die Kirche gehen, Hauskirche ist kein Ersatz für die Kirche. Eucharistiefeier im Haus bedarf im Übrigen einer Genehmigung.
- Hauskirche ist die Familie bloß im Advent und in der Fastenzeit. Nein, Hauskirche dauert das ganze Jahr.

■ Hauskirche ist nur, wenn die Familie betet. Nein, gemeinsames Beten ist ein wichtiger Vollzug, aber nicht der einzige. Hauskirche umfasst alle Lebensbereiche, Eltern spielen nicht „Rollen“, in die sie ein- und aussteigen. Sie sind immer Väter und Mütter, 24 Stunden, Lehrer und Priester. Die Ehe ist ein Dauersakrament.

■ Hauskirche könne die Kirche ersetzen. Nein, Hauskirche und Kirche sind keine Konkurrenten, sie bauen sich gegenseitig auf. Hauskirche kann vieles nicht, was die Kirche kann, etwa Sakramente spenden. Die Kirche ist Urbild, die Familie Abbild.

Hauskirche – Ideal oder Wirklichkeit?

Viele Zeitgenossen reagieren auf den Begriff Hauskirche mit Unverständnis. Es sei bloß ein Ideal für wenige Familien, für eine Elite, ein zu hoher Anspruch an die Familie und damit bloß Belastung. Bei allem möglichen Körnchen Wahrheit (vor allem durch Beharren auf Missverständnissen), ist doch klar festzuhalten: Nicht nur das katholische Ehebild ist zu anspruchsvoll für uns, sondern das ganze Evangelium. Menschlich gesehen sind wir hoffnungslos überfordert und bleiben mehr oder weniger hinter dem Anspruch zurück. Warum scheint uns diese Tatsache nur bei Ehe, Sexualität und Hauskirche zu belasten? Ist Hauskirche nur ein Ideal? Viele verwechseln das Ideal (wörtlich Bild) der katholischen Ehelehre mit idealer Familie. Sie glauben, es gäbe nur wenige ideale Familien und für die anderen treffe das Ideal nicht zu. Da liegt ein mehrfaches Missverständnis vor. Wahr ist, dass die Kirche ein hohes Ideal von Familie hat (Abbild der Dreifaltigkeit, bräutliche Liebe Christus – Kirche, Wesen der ehelichen Liebe wie in HV 9). Die Kirche hält übrigens fest, dass die Ehe keine katholische Erfindung ist, sondern eine universale Idee Gottes. Ehe und Familie sind seine Erfindung, sein Bauplan, wir können sie nicht ändern, noch neu erfinden.

In FC spricht der Papst von stufenweisem Wachstum und Bekehrung. Wir sollen die natürlichen und geistlichen Hilfen in Anspruch nehmen. Die Ehe ist ein Weg zur Heiligkeit. Wir werden ein Leben lang ringen, doch mit Gottes Hilfe ist alles möglich.

Nicht Gradualität des Gesetzes (schaut für jeden anders aus), sondern Gesetz der Gradualität (stufenweises Wachstum). Wir belassen den Plan Gottes für Ehe und Familie und reduzieren ihn nicht auf ein Menschengesetz. Wir strecken uns aus nach Gottes Plan und Willen, wir ziehen das Ideal nicht herunter, sondern wir lassen uns hinaufziehen und binden uns wie an einen Stern, dann haben wir immer die richtige Richtung – nach oben!

Alles hat seine Zeit

Brot hat religiöse Aussagekraft

Brot und Gebildbrote spielen im Glauben und Brauchtum eine große Rolle, sie begleiten Jahr und Leben und unterscheiden sich gern von Gegend zu Gegend. Die hohe Wertschätzung äußert sich durch verschiedene Gesten, wie Aufheben und Küssen, keinesfalls Wegwerfen auch des hart gewordenen Brotes. Dem geweihten Brot werden besondere Wirkungen zugesprochen. Ein schöner slavischer Brauch heute noch: Brot mit Salz als symbolische Gabe bei Hochzeiten oder bei Gastfreundschaft. Im Orient schwor man bei Brot und Salz und bekräftigte mit dieser Geste den Abschluss von Verträgen. Viele Feste und Zeiten haben eigene Brote hervorgebracht, traditionelle Rezepte und eigene Formen. Gebildebrote gehören zur Kultur und bedingen, dass sie zu anderen Zeiten nicht aufgetischt werden, sonst verliert der Brauch seinen Sinn: Faschingskrapfen soll es nur im Fasching geben.

Blumen und Sträucher

Viele Feste haben ihre besonderen Blumen und Sträucher: Advent hat Tannenreis, Weihnacht den Christbaum, Ostern die blühenden Forsythien und Pfingsten die Pfingstrosen, Herz Jesu die Bartnelken oder Brennende Liebe. Der Herbst hat die goldenen Blätter und Zweige als Tisch- und Wohnungsschmuck. Das alles ist schön zu seiner Zeit, gibt Abwechslung und schafft Tradition. Auch wirtschaftlich macht das Sinn: Blumen und Gemüse der Saison sind nicht nur günstiger, sondern auch vollwertiger.

Lieder und Musik

Jede Zeit hat ihre eigenen Lieder, eigen in Dichtung und Melodie. Sie sind Kulturgut und schaffen manche frohe Stunden. Das erinnert mich, wie wir Kinder untereinander streng darauf achteten, dass die Zeiten eingehalten und beispielsweise im Advent noch keine Weihnachtslieder gesungen wurden. Als Erwachsene haben wir diese Tradition des Singens und Musizierens wieder entdeckt, oft rahmt es unsere Familientreffen und Feste ein.

Inhalt

1
Das Kirchenjahr im Jahr der Natur

Das liturgische Jahr ist keine leblose Darstellung längst vergangener Ereignisse oder bloße Erinnerung an frühere Zeiten. Vielmehr ist es Christus selbst, der in seiner Kirche fortlebt und so wird das Kirchenjahr zum „Christusjahr“.

Ineinander von Natur und Gnade

Das Kirchenjahr ist keine blutleere Darstellung oder bloße Erinnerung längst vergangener Ereignisse früherer Zeiten. Vielmehr lebt Christus selbst in seiner Kirche fort und so wird das Kirchenjahr zum „Christusjahr“. Das Leben der Natur kommt erst im Lauf eines vollen Jahres zur Entfaltung, es durchwandert die Zeiten und offenbart so die vielfältigen Formen seines Daseins: Keimen, Blühen, Befruchten, Heranreifen der Früchte, Welken und Sterben. Dann zieht sich das Leben ins Verborgene zurück, um Kräfte zu sammeln für neues Werden und Reifen.

So hat auch das Gnadenleben sein eigenes Naturgesetz: Es braucht ebenso Zeit, um Formen und Früchte seines Seins zu entfalten. Das geschieht in gewisser Weise im Lauf eines Jahres und wir nennen diesen Zeitabschnitt Liturgisches Jahr oder Kirchenjahr. Die Zeiten der Natur und der Gnade stehen in geheimnisvollem Zusammenhang. Die Wachstumsbedingungen der Natur sind Sonne und Wasser, im Geistlichen Leben ist es die Verbundenheit mit Christus. Diese Analogie hat die Kirche erkannt und das Jahr der Gnade wunderbar eingebaut in das Jahr der Natur.

Der Osterfestkreis

Unter den Sonntagen nimmt der Ostersonntag als höchster Feiertag des Jahres eine besondere Stellung ein. Die vierzigtägige Vorbereitung heißt Fasten- oder Österliche Bußzeit, sie gipfelt in der Karwoche und beginnt mit dem Palmsonntag. Vom Abend des Gründonnerstags bis Karsamstag feiert die Kirche das heilbringende Leiden und Sterben des Herrn. Der Höhepunkt aber ist die Auferstehung Jesu Christi, die wir am Ostersonntag feiern. Die Osterfreude entfaltet sich in einer **Oktav** und der siebenwöchigen **Osterzeit**, die in Pfingsten ihre Vollendung findet.

Der Weinachtsfestkreis

Wir feiern das **Mysterium** der Christi Geburt vor mehr als 2000 Jahren, Weihnachten. Der vierwöchige Advent ist die Vorbereitung darauf. In dieser Zeit erinnern wir uns aber auch an das bevorstehende zweite Kommen Christi am Ende der Zeit als unser königlicher Richter. Die beiden Hochfeste sind die Geburt des Herrn am 25. Dezember und Erscheinung des Herrn am 6. Januar. Der Kleine Weihnachtsfestkreis dauert bis zum ersten Sonntag nach Dreikönig, Fest der Taufe des Herrn. Der Große Weihnachtsfestkreis endet vierzig Tage später, 2. Februar, mit dem Fest Darstellung des Herrn, vor der Liturgiereform Maria Lichtmess, genannt.

Die gewöhnliche oder Grüne Zeit

Durch die beiden Festkreise ist eine Reihe von Sonntagen in ihrem Inhalt näher festgelegt. Außerhalb der Festzeiten bleiben 33 oder 34 Sonntage. Sie liegen einerseits zwischen **Epiphanie** und Fastenzeit und andererseits zwischen Pfingsten und Advent. Ihr äußeres Kennzeichen ist die grüne Farbe der **Paramente**. Am Sonntag nach Pfingsten feiert die Kirche das Fest der Heiligsten Dreifaltigkeit, eines der größten Mysterien unseres Glaubens. Die lange Reihe der **Grünen Sonntage** nach Pfingsten endet am letzten Sonntag vor Advent, dem Christkönig-Sonntag.

Die Bedeutung der liturgischen Farben

Sie sind **Katechese**, sprechen Verstand und Gemüt an.

2
Lebensstil und Feier des Sonntags

Bevor wir mit Zeiten und Festen des Kirchenjahres im Einzelnen beginnen, ist es wichtig, über den Sonntag zu sprechen, er ist das Herzstück des ganzen Jahres.

Der Sonntag – Hohheitsgebiet Gottes

Bevor wir mit Zeiten und Festen im Einzelnen beginnen, ist es wichtig, über den Sonntag nachzudenken, er ist das Herzstück des ganzen Jahres.
Gott nennt also einen Tag der Woche sein besonderes Eigentum. Nach sechs Wochentagen mit Pflichten und Sorgen führt Gott den Menschen in die Sonntagsruhe ein. Der Herr belegt diesen Tag mit einem eigenen Gebot: „Du sollst den Tag des Herrn heiligen“! Warum? Weil alles, was für nur Gott wichtig zu sein scheint, für den Menschen große Bedeutung hat. Den Tag des Herrn heiligen bedeutet, den fünffachen Sinn des Sonntags feiern: Die Schöpfung aus der Hand des Vaters; die Erlösung durch Jesus Christus; die Gründung der Kirche im Heiligen Geist; den Ewigen Sonntag im Himmel und den Tag der familiären Gemeinschaft und Arbeitsruhe (KKK 2174-2188).

WAS IST DIE MITTE DER LITURGISCHEN ZEIT?

Die Mitte der Liturgischen Zeit ist der Sonntag, Fundament und Kern des ganzen Liturgischen Jahres. **K, NR. 241**

Eucharistie – der Himmel auf Erden

So sagte der Konvertit Scott Hahn. So sagten Urchristen und bezahlten ihr Bekenntnis mit dem Leben. Höhepunkt des Sonntags ist also die Eucharistiefeier, Quelle aller Gnaden, Höhepunkt des christlichen Lebens und des Sonntags, so viele andere Freuden auch noch dazu kommen mögen. Die Sonntagsmesse ist Geschenk Gottes und wenn im **Kirchengebot** von **Sonntagspflicht** gesprochen wird, dann von Pflicht der Liebe (KKK 2180).

Wie weit darf der Weg sein?

Weil die Eucharistie, das Sakrament der Liebe, Höhepunkt und Quelle des christlichen Lebens ist, gibt es für den Sonntag keine Alternative. Pater Luis B. Munoz berichtet von einer Pfarre im Südwesten Angolas. Die Eucharistiefeiern finden

im Freien statt. Die Gläubigen gehen bis zu vierzig Kilometer zu Fuß zum Gottesdienst. Viele von ihnen haben keine Schuhe. Da der Weg weit ist, übernachten sie meistens irgendwo auf der Erde. Zu essen haben sie kaum etwas. Was wir von ihnen lernen können, ist die Ehrfurcht vor dem Heiligen.

Zenit.org; 15. Mai 2007

Lebensstil des Sonntags

Wir leben den Sonntag intensiver, wenn wir ihn vorbereiten, hinstreben, eintreten statt hineinstolpern, ihn auskosten bis zum Abschluss und ausstrahlen lassen in die Woche. Das braucht gewiss einiges an Disziplin und Erfahrung. Der Samstag dient dabei der Vorbereitung: Liegengebliebenes aufräumen, nötiger Einkauf, Mahlzeiten vorbereiten, notwendige Arbeiten erledigen, auch Schularbeiten gehören dazu. Alles soll so weit wie möglich vorbereitet sein. Ziel ist, hinarbeiten auf den Abschluss am späten Samstagnachmittag. Weil die Arbeit doch nie aufhört, müssen wir sie beenden oder unterbrechen, schön wäre ein besonderes Ritual, wie ich es eindrucksvoll in der Pfarre Nauders (Tirol) erlebt habe: Am Samstagabend um 18 Uhr läuten die Glocken, eigens für die Hauskirchen zur Erinnerung an die häuslichen Feiern. Das wirkt wie ein Überschreiten der Schwelle zum Sonntag: Durch den Beginn am Samstagabend erwachen wir sonntäglich gestimmt, tragen Sonntagskleider, nehmen Sonntagsgeschirr usw. alles zwecks **Kontrastkultur**▸.

Anregungen für die Hauskirche

- Samstagabend: Das Wort Gottes vom Sonntag betrachten und sich austauschen. Es empfiehlt sich, der **Sonntags-Messbuch Schott**▸ als Familienbesitz. So würden Eucharistie und Gottesbegegnung lebendig, wir finden zur tätigen Mitfeier.
- Gemeinsamer Kirchgang: „Die heilige Messe ist der Himmel auf Erden", titelte der Konvertit Scott Hahn in Das **Mahl des Lammes**▸.
- Sonntäglicher **Hausaltar**▸: Osterkerze, frische Blumen, aktuelle **liturgische Farbe**▸ und Bild im **Wechselrahmen**▸
- Familientisch: Festesfreude entsteht auch durch vertraute Gerüche, Geräusche und vorhersehbare, verlässliche Erfahrungen. Sonntägliche Tischdecke und Geschirr, wenigstens eine gemeinsame Mahlzeit, Dinge, die es im Alltag oft nicht (mehr) gibt.
- Lebensstil: Sich für die Familie schön machen, das ist Liebe, das Schöne dem Bequemen, Alltäglichen, vorziehen und im besten Fall verbinden. Nicht Gott, aber der Mensch, braucht diese Äußerlichkeiten: Sinnanfällige Zeichen stimmen uns innerlich festlich, sonntäglich.
- Glaubensgespräch: Wichtig auch zur Glaubensweitergabe an die nächste Generation.
- Zeit zu Erholung: Ausflug, Besuch, Gastfreundschaft und sonst schöne Erlebnisse.
- Sonntagslebensart bis zum Abend, „dehnt" den Tag, braucht Disziplin/ Organisation
- „Einrahmung des Sonntags" mit gemeinsamer Laudes, **Vesper**▸ oder **Komplet**▸, das schafft klaren Beginn und Abschluss.

Mehr siehe: KKK unter Stichwort Sonntag ab 2174; GL ab 217 und 580.

Das jüdische Jahr und das Kirchenjahr

Auch einige der wichtigsten jüdischen Feste werden erwähnt, soweit sie im Kirchenjahr Entsprechung finden. Die großen Ereignisse des Lebens Jesu stehen ja im inneren Zusammenhang mit dem jüdischen Festkalender. Sie verbinden Schöpfung – Geschichte – Hoffnung miteinander und weisen drei Gründe auf:

- Das Fest, ursprünglich der Naturreligion Entnommenes, wird zum
- Fest geschichtlicher Erinnerung an die Heilsdaten Gottes (Gegenwart) und
- zur Hoffnung auf die endgültige Rettung (Zukunft).

Am Beispiel vom Laubhüttenfest bedeutet das:

- Mit einem „Wasseropfer" wird der nötige Regen für ein trockenes Land erbeten.
- Wird das Fest zur Erinnerungen an die Wüstenwanderung Israels, wo die Juden in Zelten wohnten (Hütten = sukkot, gemäß Lev. 23,43). Die Hütten galten nicht nur als Erinnerung an den göttlichen Schutz in der Wüste, sondern auch als Vorausdarstellung der göttlichen Hütten in denen die Gerechten der kommenden Weltzeit wohnen würden.
- Wurde also mit dem charakteristischen spätjüdischen Ritus des Laubhüttenfestes eine ganz bestimmte endzeitliche Bedeutung verbunden.

AUS: JESUS VON NAZARETH,
JOSEPH RATZINGER, BENEDIKT XVI., S. 362, S. 279

Kontrastkultur, Alltag – Sonntag

Es gibt immer wieder Überlegungen, wie der Sonntag noch besonderer sein könnte. Die Anregungen betreffen meist Kochkunst, Tischkultur und gemeinsame familiäre Unternehmungen. Abgesehen von der wichtigen spirituellen Komponente gilt es, folgende grundsätzliche Überlegung zu machen: Den Sonntag (noch) mehr herauszuheben, bedingt andererseits, die Werktage „Alltag" bleiben zu lassen. Eine Kontrastkultur im Alltag brauchen wir, die deshalb nicht grau sein muss. Wir könnten überlegen und als Familie besprechen, worauf wir im Alltag verzichten wollen. Wir kennen das Prinzip, dass periodischer Verzicht auf an sich gute Dinge, den Genuss und die Lust erhöhen. Das Prinzip ist immer das Gleiche, ob es sich um Essen, Trinken, Freizeit, Kleidung, körperliche Einswerdung in der Ehe oder andere Genüsse handelt. Genau das ist die große Herausforderung einer Wohlstandsgesellschaft, in der alles, mehr oder weniger jederzeit, konsumiert werden kann und damit unbemerkt in die Bedeutungslosigkeit hinabsinkt.

Liturgie des Stundengebetes

Das Stundengebet ist das öffentliche und allgemeine Gebet der Kirche. Es ist das Gebet, das Christus zusammen mit seinem Leib, der Kirche, verrichtet. Durch dieses Gebet heiligt und verklärt das Mysterium Christi, das wir in der Eucharistie feiern, die Stunden eines jeden Tages. Es besteht hauptsächlich aus Psalmen und anderen biblischen Texten, aus der Lesung von Texten der Kirchenväter und geistlichen Lehrer. K NR. 243

Manch geheimnisvolles Ritual entdeckte ich bei jüdischen Familien

„Mein Vater war Richter in einer kleinen schwäbischen Stadt, dessen Vorort fast ausschließlich von jüdischen Familien bewohnt war. Es waren angesehene Familien und sie hatten den Geist des Volkes Israel noch völlig heil bewahrt. Die Kinder gingen mit uns zur Schule und wurden uns auch oft als Beispiel vorgehalten. Das aber verminderte unsere Liebe zu ihnen nicht, ihre Pflichttreue, ihre guten Umgangsformen, ihre einfallsreiche Gefälligkeit, beeindruckte uns Christen. Mir gefiel damals besonders der Ernst ihres religiösen Lebens. Ich hatte Sehnsucht, wollte mehr von diesem Volk wissen. Mit Freude nahm ich die Einladungen in verschiedene Familien an und erlebte ihren Alltag und ihre Familienfeste. Deutlich spürte ich, dass sie ihre eigentlichen Feiern wie ein Geheimnis hüteten. Erlaubt war praktisch nur das Vorbereiten des wöchentlichen Sabbats und der Feste ihres jüdischen Jahreslaufes. Ich erlebte, außenstehend, fast neidvoll und staunend, ihr Laubhüttenfest, ihre Gesetzestreue, ihre Geduld mit Kindern, ihre Liebesdienste an Kranken und Alten, ihre Ehrfurcht vor den Dingen der Schöpfung wie Wasser, Brot, Wein oder Licht. In mir wuchs das Bewusstsein, wie also Jesus in seiner Familie aufgewachsen ist. Wie Maria und Josef und seine Verwandten mit ihm gelebt haben, wie er in seinem Familiengeist zum Mann herangereift ist. Es war mir wie eine Offenbarung: In diesem Tages- und Jahresrhythmus, in dieser Atmosphäre, liegen die Wurzeln, aus denen der Herr die Sakramente, die Mysterien, hervorgehen ließ. So sind sie grundgelegt in der Schöpfung, erhöht durch die Erlösung, angenommen und dargebracht von uns Menschen durch Beten der Psalmen, Lob, Dank, Bitte und Opfer. Manches verhüllte Ritual konnte ich entdecken. Das täglich geübte Leben aus dem Wort Gottes konnte ich nur an Haltung und Gebärde erahnen, die Gebete sprachen sie ja hebräisch. Und – ich empfand schmerzlich – den Unterschied zwischen dem jüdischen Familiengottesdienst und dem in unserem Haus. In den jüdischen Häusern gingen die Gebete tiefer als in den christlichen Familien. Durch sie stieß ich vor zum Wurzelboden der Sakramente und auf die Grundlagen des Betens in der Liturgie“.

ELISABETH ERHARD, VOLKS- UND LAIENAPOSTOLISCHES INSTITUT, OKTOBER-RUNDBRIEF 1971

3

Advent und Anfang des Kirchenjahres

Mit Advent beginnt ein neues Kirchenjahr, einen Monat vor dem bürgerlichen Jahreswechsel. Höchst bedeutsam: Advent liegt in der dunkelsten Zeit des Jahres, erst Christi Geburt bringt der Welt das Licht, die wahre weihnachtliche Sonnenwende.

Was glauben wir?

Mit Advent beginnt ein neues Kirchenjahr, einen Monat vor dem bürgerlichen Jahreswechsel. Er umfasst vier Wochen, beginnend mit dem Sonntag nach dem 26. November, sodass die vierte Woche variiert von ein bis sieben Tagen. Der Advent eröffnet auch den Weihnachtsfestkreis. Das lateinische Wort Advent bedeutet Ankunft, der verheißene Retter kommt an. Wir erinnern uns an das erste Kommen Gottes vor mehr als 2000 Jahren und erwarten das zweite Kommen am Ende der Zeit, die Wiederkunft Christi und Gericht. Im Advent wollen wir uns vorbereiten auf Weihnachten mit Erneuerung und Umkehr. Unter diesem Gesichtspunkt ist der Advent geprägt von freudiger Erwartung. Die Christen versammeln sich daher zu den sehr frühen Gottesdiensten, **Rorate**▸ genannt, gemäß dem alten Adventruf *Rorate Coeli*: Tauet Himmel den Gerechten.

Die Hauskirche, die Familie, versammelt sich um den Adventkranz, vertrautes Symbol des Advents, dessen zunehmendes Licht die zuversichtliche Erwartung des Herrn ausdrückt.

Mehr dazu: Weißes GL. 24,1;25,1; 217f; KKK 1168-1173; 1194.

Dreifacher Sinn des Advents

- Erinnerung (Memoria) an das jahrtausendlange Warten auf den Messias
- Heilsgeschehen (Mysterium): Das Kommen Christi wird jede Weihnacht Gegenwart
- Mahnung (Prophetie): Wiederkunft Christi am Ende der Welt und Gericht

Adventliche Lesungen in der Liturgie

- Die 1. Lesung ist den Propheten-Büchern entnommen, vor allem Jesaja.
- Der erste Adventsonntag spricht von der Wiederkunft Christi am Letzten Tag.
- Zweiter und dritter Sonntag stellen uns die Gestalt Johannes d. Täufers vor, der die Wege bereiten will für das Kommen des Herrn.
- Der vierte Sonntag zeigt auf Maria, Mutter und Jungfrau, sie hat uns Christus geboren.

Quatember – Liturgische Jahreszeiten

Auch das Kirchenjahr hat Jahreszeiten, ***Quatember*** *(Quattro = vier) genannt. Quatembertage sind alte Bitt- und Dankta-ge, leider vergessen, nicht „abgeschafft“.. Mehr dazu im Rote GL Nr. 102. Im Advent ist sinnvollerweise die erste Woche Quatemberwoche. Die Pfarrgemeinde soll durch entsprechende Eucharistiefeiern in den Advent eingeführt werden. Sehr hilfreich ist das bei kurzem Advent, denn es fördert einen unmittelbaren Einstieg. Ebenso haben die letzten Tage des Advent eine Besonderheit: Vom 17. bis 23. Dezember sollen die sogenannten* ***O-Antiphonen*** *angerufen und die* ***Herbergsuche*** *des Heiligen Paares gefeiert werden.*

Die Schwelle zum Advent

Wir sollen von einer Zeit in die nächste Zeit wie über eine Schwelle schreiten, statt hineinzustolpern. Es gibt Zeiten zum Feiern und Zeiten zum Fasten. Die beiden Pole bedingen einander, um das Leben wach zu halten. Die Schwelle zum Advent beinhaltet:

- Eine „Lustige Zeit“, denn erst „Kathrein sperrt den Tanz ein“. Frohes Treiben und den letzten Tanz am 25. November nicht versäumen!
- Eine letzte Woche vor Advent, eingeleitet durch Christkönig-Sonntag. Sie eignet sich hervorragend, um Küche und Keller auf adventliche Lebensweise umzustellen. Also aufbrauchen all jener Genüsse, auf die wir im Advent verzichten wollen.

- Möglichst viele der hektischen Aufgaben vor Adventbeginn erledigen (Geschenke besorgen, Friseurbesuch ...), um die Adventruhe zu sichern. Lieber zu früh als zu spät beginnen. Oft ist es notwendig, „Verspäteten“ zu helfen, ein besonderes Geschenk!
- Festen Vorsatz fassen: Ein stiller Advent soll es werden! Keine lärmenden Veranstaltungen besuchen oder veranstalten, (übrigens ein altes Kirchengebot), vielmehr Betriebsfeiern und Ähnliches auf Kathrein‘, Fasching oder Sommer verlegen.

Vorbereitung auf und Beginn des Advents

Hauskirche und Advent – wie feiern wir?

Kaum eine andere Zeit hat so viel Brauchtum wie Advent und Weihnacht. Schön und schwierig zugleich: Vor lauter Brauchtum droht das Wesentliche verloren zu gehen. Die „stillste Zeit“ wird sie gern genannt, die Sehnsucht danach lebt in uns, bis heute. Doch Christkindlmärkte, diverse und kuriose Weihnachtsfeiern in Betrieben und Vereinen, Einkaufsstress und vieles mehr, erschweren und verhindern eine wirklich **adventliche Lebensweise**. Vorweihnachtlicher Hektik und Konsum kann man sich nur schwer entziehen. Für jede Familie ist es eine Herausforderung, den Advent innerhalb des eigenen Hauses zu verteidigen.

„Beicht' macht leicht!“

Frisch gebeichtet ist die wichtigste Vorbereitung auf jedes Fest und jede Festzeit: Vergebung, Versöhnung und Empfang der sakramentalen Gnade.

Lassen Sie sich inspirieren durch das lesenswerte Buch: *Gott, der Barmherzige, der Weg zur Beichte*, von Scott Hahn.

Erneuerung der Vorsätze

Die persönlichen Vorsätze des Verzichtes erneuern und die gemeinsamen besprechen. So einfach ist das alles nicht, es braucht einen Akt des festen Willens. „Gänzlich anders als im Westen, ist die Adventzeit bei uns wirklich eine Fastenzeit", sagen die Koptischen Christen in Ägypten.

Putzplan mit System

Geputztes Haus/Wohnung ist natürlich kein Muss, das Festgefühl erhöht es auf jeden Fall. Äußeres und inneres Aufräumen geht Hand in Hand. Um durchzukommen, empfiehlt es sich, Anfang Advent zu beginnen und wenn man nicht fertig geworden ist, aufzuhören! Manchmal dauert der Advent ja nur drei Wochen.

Adventkranz – ein Mittebrauch▸

Dieser Kranz ist das vertrauteste Zeichen des Advents und ist übrigens recht jung (Christliches Brauchtum, H. Kirchhoff, S. 20ff). Das runde Rad ist Symbol des Erdkreises, der auf das Kommen des Erlösers wartet. Das anwachsende Licht der Kerzen zeigt das nahende Kommen, das Tannengrün bedeutet Hoffnung. Am Heiligen Abend leuchtet der Adventkranz mit den vier Lichtern, um den „bleibenden Advent" auf das zweite Kommen hin lebendig zu halten. Der geweihte Kranz wird am 24. Dezember, nach der letzten **Herbergsuche**▸ verbrannt: Geweihte Dinge wirft man nicht weg, sie werden verbrannt.

Kranz binden und korrekt schmücken

Im gemeinsamen Tun geschieht Einstimmung und Katechese. Erinnern Sie sich noch an den wunderbaren Duft der Zweige, wenn die Mutter den Kranz gebunden hat? Wichtig ist auch, ihn korrekt zu

schmücken: Drei Kerzen sind violett und eine Kerze ist rosa. Die Farbe Violett steht für Buße, wobei die adventliche Bußzeit anders und auch kürzer ist als die Vorösterliche. Auch das Alleluja in der Liturgie verstummt den ganzen Advent nicht. Die rosa Kerze wird am dritten Sonntag Gaudete, angezündet und verkündet Freude: „Freuet euch, der Herr ist nahe!". Deshalb gibt es auch ein **Fastenbrechen**▸.

Weihegebet für den Adventkranz

Lasset uns beten!
Ewiger Gott, du lässt uns Menschen
in unserem Suchen nach Leben und
Freude nicht allein.
Darum schauen wir am Beginn dieses
Advents auf zu dir, von dem wir alles
erhoffen.
Wir bitten dich:
Segne + diesen Kranz und diese Kerzen.
Sie sind ein Zeichen, dass du der Ewige
bist,
dem auch diese kommende Zeit gehört;
ein Zeichen des Lebens, das wir von dir
erwarten:
ein Zeichen, dass du das Licht bist, das
alle Finsternis erhellen kann.
Hilf, dass wir mehr lieben und dich mit
neuem Eifer suchen.
Lass uns in den kommenden Tagen in der
Gnade wachsen.
Darum bitten wir durch Christus, unseren
Herrn. Amen.

Gemeinsam zur Adventkranzweihe

Schön, wenn die Familie gemeinsam zur Weihe geht. Das kirchliche Segnungsbuch, das **Benediktionale** sieht eine feierliche Segnung des Adventkranzes vor. In der Einführung dazu heißt es: „Licht weist den Weg, vertreibt die Angst und fördert Gemeinschaft. Licht ist ein Zeichen für Jesus Christus, das wahre Licht der Welt".

Feierliches Einläuten des Advents

Anschließend an die Weihe, üblicherweise von 18.00 bis 18.15 Uhr, läuten gemäß einer Ordinariats-Anordnung alle Glocken von Stadt und Land. Sie verkünden feierlich den Beginn des neuen Kirchenjahres. In Stille erleben wir diese feierliche Stunde.

Adventkalender, aber sinnvoll!

Im Sinne des Erfinders, Gerhard Lang (1881–1974), ist der Adventkalender eine religiöse Hinführung auf das Weihnachtsfest. Hinter jedem geöffneten Fenster soll ein Schriftwort, ein Lied, eine Anregung zu Gebet und Opfer, zum besseren Umgang miteinander oder ein Hinweis auf einen Heiligen sein. Die „24 Fenster" sollen also nicht Genussmittel enthalten, auf die ja sinnvollerweise verzichtet werden soll. Werden sie geschenkt, sollen sie im „Opferkrug" aufbewahrt werden bis Weihnachten.

„Strohhalme" für das Jesuskind

Pädagogisch hilfreich ist auch das sogenannte Strohalm-Sammeln als Zeichen des Opferbringens. Jeder einzelne dieser Strohhalme für eine „gute Tat" erworben, bringt eine „weichere Krippe" für das Jesuskind.

Die Rorate am frühen Morgen

Rorate nennt man die Eucharistie im Advent entsprechend dem ersten Wort des **Eingangsverses** „Rorate coeli desuper", zu übersetzen mit „Tauet, Himmel" aus dem 45. Kapitel des Jesajabuches. Die Rorate ist eine Votivmesse zu Ehren der Gottesmutter, mancherorts auch Engelämter genannt, gemäß der Verkündigung an Maria durch den Erzengel Gabriel. Rorate wird meist am mehr oder weniger frühen Morgen gefeiert, mit besonderer Festlichkeit an den Tagen vom 17. bis 24. Dezember und am Quatember Mittwoch als sogenannte „Goldene Messe". Der Gang zur Rorate am frühen Morgen, finster und kalt, und die adventlichen Lesungen führen uns ein in den Advent. Sie erfreuen sich heute einer Wiederentdeckung in vielen Pfarren. In Städten kann man sich einen Plan mehrerer Kirchen zurechtlegen.

Adventlicher Hausaltar/ Herrgottswinkel

- Schlicht und karg
- Liturgischen Farben violett und rosa
- Adventkranz liturgisch richtig geschmückt
- **Schott Messbuch** des aktuellen Lesejahres
- Stundenbuch: Das II. Vat. empfiehlt dieses Gebet den christlichen Familien (FC 61).
- Entsprechende Gebets-/ Liederbücher: Manche enthalten einen wahren Gebetsschatz und Lieder mit vielen schönen, katechetisch reichen Strophen.

Besondere Traditionen im Advent

- Ist eine familiäre Adventfeier nicht jeden Tag möglich, dann soll man gewisse Tage vereinbaren. Es braucht nicht viel Vorbereitung: Eigenes Feierheft, Gotteslob, Stundengebet; Freudenreicher Rosenkranz und für Kinder entsprechende Katechese mit schönen Bildern; Betrachtung der Schriftlesungen und Tagesgebete aus der Rorate, Lieder, Psalmen und Glaubensgespräch sind nur einige der Möglichkeiten.

■ Nur die bestimmten Kerzen am Adventkranz sollen brennen und keine zusätzlichen. Dunkelheit belassen und Licht wachsen lassen: Zu Hause soll der Advent dunkel sein und langsam heller werden dürfen. Das ist der Kontrast zur Geschäftswelt, dort ist alles grell und aggressiv beleuchtet. Mit dem 24. Dezember, dem eigentlichen Lichtfest, ist die Geschäftswelt erloschen, erschöpft von der Hektik. Für uns Christen ist es genau umgekehrt: Erst ab Weihnachten brennen viele, viele Lichter und nicht nur bis Neujahr, sondern bis Dreikönig und nachklingend bis 2. Februar (Großer Weihnachtsfestkreis).

■ Vom 17. bis 23. Dezember gibt es die sogenannten O-Antiphonen: O Weisheit, Adonai (Herr), O Wurzel Jesse, O Schlüssel Davids, O Aufgang (Glanz der Ewigkeit), O König der Völker, O Immanuel (Gott mit uns). Siehe auch **Rotes GL**▸ 112 u. 772. Diese Anrufungen sind Titel, die im Alten Bund dem Messias gegeben werden. Die O-Antiphonen können in das Familiengebet einbezogen werden.

■ Schöne, lange Abende pflegen mit Vorlesen, Gespräch, Erzählen, Spielen.

Der täglich dreimalige **Engel des Herrn**▸ mit adventlicher Schlussoration:

Lasset uns beten: Gütiger Gott,
du erfreust uns alljährlich in der trauten Adventzeit mit der feierlichen Erwartung deines Sohnes.
Lass uns ihm mit froher Zuversicht entgegen gehen, wenn er wiederkommt am Ende der Zeit als unser Richter.
Darum bitten wir durch Christus, unseren Herrn. Amen.

■ Die neuntägige Herbergsuche▸ vom 16. bis 24. Dezember (siehe S. 26)

■ **Gaudete**▸, 3. Adventsonntags gemäß dem Eröffnungsvers: „Freuet euch, der Herr ist nahe!" **Liturgische Farbe**▸ ist Rosa, der Tag schenkt kurzes **Fastenbrechen**▸.

■ 4. Adventsonntag in Rom: Der Papst segnet traditionsgemäß jene Figur, die Kinder aus ihren Krippen zum Angelus mitbringen, meist ist es das Jesuskind.

■ Aufstecken der Tannenzweige auf Bilder (Sträucher des Advent mit besonderem Duft.

■ Barbarazweige am 4. Dezember ins warme Wasser stellen.

■ Tellersaat: Weizen keimen lassen, eine Kerze hinein stellen. Symbolik: Zur Wintersonnenwende kehren sich in der Natur die Wurzeln um.

Lebensweise und Brauchtum

■ Adventlich stille Atmosphäre schaffen.

■ „Traute Abende" mit Tee statt Alkohol; Nüsse, Mandarinen, Feigen statt Schleckereien. **Kletzenbrot**▸ statt Bäckereien. Erzählen, Vorlesen statt Fernsehen und Partys.

■ Adventliche Bußzeit, jedoch kürzer, froher, eben anders als die vorösterliche Zeit.

■ **Opferkrug**▸ aufstellen für „verzichteten Dinge".

■ Krippe bereits Anfang Advent aufstellen und in **katechetischen**▸ Schritten (biblische Berichte) füllen: Josef und Marias Weg nach Bethlehem, ihre Herbergsuche, Geburt Jesu, Besuch der Könige, Kindermord in Betlehem, Flucht nach Ägypten, schließlich Darstellung des Herrn.

■ Kein Geschenkestress: Besorgen das ganze Jahr über, ab 25. März, also 9 Monate vor Weihnachten.

■ Spaziergang beim ersten Schnee, diese weiße Decke spricht Verstand und Gemüt an.

■ Adventliche Musik statt laut und lustig.

■ Nach Feierabend immer wieder in die „traute" Atmosphäre einzusteigen mittels adventlicher Lieder und Musik. Es lohnt, sich vom Radio Kassetten

zu bespielen mit Liedern und Musik des Advents. So kann man sich eine kostbare Sammlung anlegen, man ist gerüstet für den eigenen Bedarf und hat auch manch passendes Geschenk.

■ Gebildbrote im alpenländischen Raum: Kletzenbrot (Rezept siehe unten).
Spekulatius aus dem niederrheinischen Gebiet. Die Modeln aus Holz und Ton stellen Heilige, Legenden und regionale Motive dar, lassen sich bis ins 16. Jhdt. zurückführen.

Hochfeste und Feste im Advent

8. Dezember, Hochfest der „Ohne Erbsünde empfangenen Jungfrau und Gottesmutter Maria“

Das Dogma – das zu glaubende Mysterium

die Lehre, dass Maria vom ersten Augenblick ihres Lebens an frei von der Erbschuld war, hat sich erst im Lauf der Jahrhunderte geklärt. Sie wird nicht ausdrücklich in der Schrift angesprochen, doch wurden die Aussagen der Schrift schon früh in dem Sinn verstanden, dass Maria das reinste und, wenn man will, das „gelungenste“ Geschöpf Gottes war, die neue Eva, die ohne Sünde blieb. Am 8. Dezember 1854 hat Pius IX. das Dogma von der „Unbefleckten Empfängnis Marias“ verbindlich definiert und als Glaubenssatz erklärt.

Traditionen zum Hohe-Frau-Tag

■ Wallfahrt zu einem Marienheiligtum mit Weihe oder Erneuerung der Weihe.

■ Ein Korb Rosen für die Gottesmutter: Jedes Jahr am 8. Dezember besucht der Papst die römische Mariensäule an der Spanischen Treppe. Er legt einen Korb Rosen zu Füßen der Statue und bittet die Gottesmutter um Schutz und Führung für die Christenheit. Die Statue wurde unter Papst Pius IX. (1846–78) aus Anlass der Verkündigung des Dogmas von der „Unbefleckten Empfängnis Marias“ (1854) auf einer antiken Säule aufgestellt.
1858 war dem kleinen Mädchen Bernadette Soubirous in Lourdes Maria als die „Unbefleckte Empfängnis“ erschienen und hat damit das Dogma bestätigt.

4. Dezember, Hl. Barbara

Eine beliebte Heilige, vermutlich in Nikomedien, der heutigen Türkei, gegen Ende des 3. Jhd. geboren. Um ihr Leben ranken sich viele Legenden. Vor allem die Bergleute verehren sie als ihre Patronin, viele schöne Lieder zeugen davon.

Brauch der Barbarazweige

Er geht ins 15. Jhdt. zurück und beruht auf einer Legende: Auf dem Weg zum Gefängnis habe sich im Gewand Barbaras ein Kirschzweig verfangen, den sie in einen Krug mit Wasser steckte. Am Tag ihres Martyriums habe dieser Zweig geblüht. Das Zeichen der Blüte war nach der Legende für Barbara ein Zeichen des Rufes Gottes in die himmlische Herrlichkeit.

6. Dezember, Hl. Nikolaus

Er ist der volkstümlichste Heilige der Adventzeit, war Bischof von Myra (Kleinasien) und lebte um die Wende zum 4. Jhd. Als Gabenbringer ist St. Nikolaus schon im 13. Jhd. bezeugt. Sein Besuch mit Katechese und Bescherung der Kinder ist als echt christliche Tradition zu pflegen.

11. November, Hl. Martin

Er wurde um 316 in Sabaria, Ungarn, geboren, mit 15 wurde er Soldat. Am Stadttor teilte er seinen Soldatenmantel mit einem Bettler. In der Nacht darauf erschien ihm Christus, bekleidet mit dem abgeschnittenen Mantelstück. Mit 18 Jahren ließ sich Martin taufen. 371 wurde er Bischof von Tours. Unermüdlich wirkte er als Prediger in den noch weithin heidnischen Gebieten. Der Martinsumzug ist sehr beliebt und ist die richtige Alternative zum Halloween Spektakel.

13. Dezember, Hl. Luzia

In einer Lichtfeier am Spätnachmittag werden in der Pfarrkirche St. Magdalena in Fürstenfeldbruck oft Hunderte von selbstgebastelten „Luzia-Häuschen" gesegnet und bei einbrechender Dunkelheit den Wellen des Flusses Amper übergeben, wo sie wie Funken in der Dunkelheit verschwinden.

21. Dezember, Hl. Thomas

Erste und längste der **Rauh-(Rauch)Nächte**. Drei der neun möglichen Rauchnächte sind übrig geblieben: Heiliger Abend, Silvester und Vorabend von Dreikönig. Das Christentum traf heidnische Bräuche und Mythen an, erkannte ihren tieferen Sinn, deutete sie um auf Lebensgefühl und Wahrheitskern des Christentums.

24. Dezember, letzte Rorate

mit der Lesung vom menschlichen **Stammbaum Jesu** Mt 1, 1-16. Fasttag bis Mittag. Der Nachmittag gehört dem Vorbereiten auf den Hl. Abend.

Rezept für das Kletzenbrot

Die Mischung kann variieren, eine ungefähre Angabe ist: 40 dag Zwetschken, 20 dag Kletzen (getrocknete Birnen), 10 dag Kirschen, 20 dag Walnüsse halbiert, 10 dag Rosinen, 15 dag Zucker, 1/8 l Rum, 2 EL Zimt, ev. 20 dag Zwetschkenmarmelade, Anis und Fenchel. Die vorbereiteten Trockenfrüchte müssen kurz aufgekocht werden. Wenn sie weich sind, Wasser abseihen und die Früchte klein schneiden. Die Masse in einen festen Brotteig einarbeiten im Verhältnis 1:1, beim Bäcker backen lassen.

Die Herbergsuche des heiligen Paares

Geschichte der Herbergsuche

Der schlichte Satz im Lukasevangelium vor mehr als 2000 Jahren Lk 2,7: „In der Herberge war kein Platz für sie" (Maria und Josef) hat zum einfühlsamen Mitdenken und geistigen Mitgehen geführt. Im geschichtlichen Bethlehem, das abseits der großen Verkehrsstraßen lag, dürfte es wohl keine öffentliche Herberge (griechisch: katalyma; vgl. Ex 4, 24; 1 Sam 1,18; Jer 11,8) gegeben haben; höchstens Übernachtungsmöglichkeit für Notfälle war vorhanden. Die Frömmigkeit des Volkes wollte den biblischen Text nicht nur lesen. Sie will mit Josef und Maria auch mitgehen.
Der Brauch sollte erhalten bleiben, doch darf die „Herbergsuche" nie ins Kitschige abgleiten. Wir

Josefs Finger deutet zum Himmel, er glaubt es tief und fest: Das alles ist Gottes Wille!

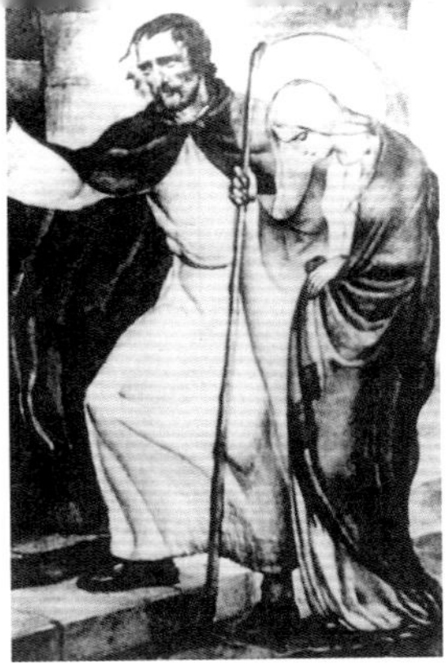

sollen uns bei diesem Anlass auch an den „zukünftigen Advent“ erinnern, an das „zweite Kommen des Herrn“ am Ende des Lebens und am Ende der Welt, wo Er die ganze Schöpfung überführen wird in den „neuen Himmel“ und in die „neue Erde“. Wie gesund und bezeichnend ist es, dass das gläubige Volk auch hier die Verbindung zu den „letzten Dingen“ findet und um einen guten Tod betet.

„Richtiges Herbergsbild“

Es gibt viele Bilder, die das Heilige Paar bei der Herbergssuche in Betlehem vor mehr als 2000 Jahren abbilden. Zwei besonders schöne bietet das Referat für Ehe und Familie der Erzdiözese Salzburg an, farbig oder schwarz-weiß. Wichtig ist durchaus, künstlerisch hochwertige Bilder auszuwählen.

Feier der Herbergssuche

Die Herbergssuche beginnt neun Tage vor Weihnachten, also 16. Dezember. Das Bild des Heiligen Paares, mit „Maria gravida“, der Jungfrau „gesegneten Leibes“, wird in diesen Adventabenden von einer Familie zur anderen getragen. Dazu schließen sich entweder je neun Familien zusammen, oder das Bild wird in neun Häuser eines Ortes getragen, wo sich die Nachbarschaft einfindet.
Am besten empfangen wir das Bild am 16. Dezember in der Kirche. Beim Mettengang bringen wir das Bild wieder in die Kirche zurück. Manche Familien haben „ihr“ Herbergsbild als Familienbesitz und bewahren es das Jahr über auf.
Das Herbergsbild wird „nicht abgeholt“, sondern in der Familie erwartet. Überbringer ist jene Familie, die am Vorabend „Herberge gewährt hat“. Unterwegs beten die Überbringer die ersten zwei Gesätzchen des freudenreichen Rosenkranzes (laut oder still) oder singen Adventlieder. Es kann auch eine Laterne mitgetragen werden.
Die überbringende Gruppe tritt in den Kreis der wartenden Familie oder Hausgemeinschaft und übergibt das Bild. Die Kerzen am Adventkranz werden entzündet. Die Anwesenden beten das Gesätzchen „Den du, o Jungfrau, zu Elisabeth getragen hast“ zu Ende. Jetzt folgt die persönliche Begrüßung des Heiligen Paares durch die Mutter oder ein anderes Familienmitglied.

Empfang des Bildes

Die Überbringer bitten um Herberge:
O nehmt sie auf in ihrer kalten
Wanderschaft,
die Jungfrau rein in ihrer heiligen
Mutterschaft.
Gönnt ihr gern ein Plätzchen im Haus,
stoßt sie nicht hilflos ins Elend hinaus.

Hausfrau oder Hausherr gewähren Herberge:
Sei gegrüßt o heilige Jungfrau rein,
zieh gern in meine Wohnung ein.
Ich will dich verehren von Herzen,
und teilen deine Freuden und Schmerzen.
Lass dir den schwachen Dienst gefallen
Von mir und meinen Kindern allen.

- die Hausfrau empfängt das Bild, küsst es
- reicht es den Angehörigen weiter zur Verehrung
- das Bild wird auf den Tisch gestellt, wo der Adventkranz mit den nun vier brennenden Kerzen wartet
- den Rosenkranz zu Ende beten

Mutter oder Vater schließen mit dem Gebet:

Lasset uns beten!
O Gott,
Du hast gewollt, dass Dein ewiges Wort
auf die Botschaft des Engels hin
im Schoß der seligen Jungfrau Maria
Fleisch annahm;
Wir bitten Dich:
Lass uns, die wir sie gläubig
als wahre Gottesmutter bekennen,
durch ihre Fürsprache bei Dir Hilfe finden.
Durch Ihn, unseren Herrn Jesus Christus,
Deinen Sohn,
der mit Dir lebt und herrscht in der Einheit
des Heiligen Geistes,
Gott von Ewigkeit zu Ewigkeit.
A.: Amen.

Abschließende Gebete

V.: Herr, unser Gott, biete auf Deine Macht, befreie uns durch das Kommen Deines Sohnes, unseres Herrn Jesus Christus, der in der Einheit des Heiligen Geistes mit Dir lebt und herrscht in Ewigkeit.

V.: Lasset uns beten für den, der als erster von uns sterben wird
A.: Vater unser …
V: Lasset uns beten.
Barmherziger Gott, Du bist das Licht derer, die an Dich glauben.
Durch den Tod und die Auferstehung Deines Sohnes hast Du uns erlöst.
Führe uns einmal vom Tod zum Leben,
aus dem Dunkel zum Licht,
aus der Bedrängnis zu Deinem Frieden.
Darum bitten wir durch Christus unseren Herrn.
A: Amen.

A: Sei gegrüßt o Königin.
Mutter der Barmherzigkeit. Du unser Leben; unser Leben,
unsere Wonne und unsere Hoffnung, sei gegrüßt!
Zu dir rufen wir, verbannte Kinder Evas;
zu dir seufzen wir trauernd und weinend
in diesem Tal der Tränen.
Wohlan denn, unsere Fürsprecherin,
wende deine barmherzigen Augen uns zu
und nach diesem Leben zeige uns Jesus,
die gebenedeite Frucht deines Leibes.
O gütige, o milde, o süße Jungfrau Maria.

Oder:

Gesegnet bist du, o Tochter, von Gott dem Allerhöchsten,
mehr als alle Frauen auf der Erde.
Gepriesen sei der Herr, unser Gott, der Himmel und Erde erschaffen hat;
Er hat dich gesegnet mit seiner Kraft.
Die Erinnerung an dein Vertrauen
wird in Ewigkeit nicht aus den Herzen der Menschen entschwinden,
die der Macht Gottes gedenken.
Denn in der Not unseres Volkes hast du dein Leben nicht geschont;
nein, du hast entschlossen unseren Untergang abgewehrt,
du bist auf geradem Weg gegangen vor unserem Gott. ***GL 32, 2; JUD 13, 23-25***

Oder:

Unter deinen Schutz und Schirm
fliehen wir, heilige Gottesmutter.
Verschmähe nicht unser Gebet
in unseren Nöten,
sondern errette uns jederzeit
aus allen Gefahren,
o du glorwürdige und gebenedeite Jungfrau,

unsere Frau, unsere Mittlerin,
unsere Fürsprecherin.
Führe uns zu deinem Sohne,
empfiehl uns deinem Sohne,
stelle uns deinem Sohne vor.

Zum Abschluss singen wir ein Herbergs- oder Adventlied.

Gewöhnlich folgt ein gemütlicher Teil bei Tee und Kletzenbrot, dem Gebildebrot des Advents. Auf andere Bäckereien und alkoholische Getränke sollte verzichtet werden.

VERABSCHIEDUNG DES BILDES AM NÄCHSTEN ABEND

- In der Überbringerfamilie brennen die Kerzen am Adventkranz.
- Dann wird der „Engel des Herrn" gebetet oder gesungen.

V.: Der Engel des Herrn brachte Maria die Botschaft.
A.: Und sie empfing vom Heiligen Geist.
Gegrüßt seist du …
V.: Maria sprach: „Sieh', ich bin die Magd des Herrn.
A.: Mir geschehe nach Deinem Wort."
Gegrüßt seist du …
V.: Und das Wort ist Fleisch geworden.
A.: Und hat unter uns gewohnt.
Gegrüßet seist du …

V.: Lasset uns beten.
Wir bitten Dich, o Herr, gieße Deine Gnade in unsere Herzen ein.
Durch die Botschaft des Engels
haben wir die Menschwerdung Christi,
deines Sohnes, erkannt.
Führe uns durch Sein Leiden und Kreuz
zur glorreichen Auferstehung.
Durch Christus, unseren Herrn.
A.: Amen.

Dann verabschieden Hausfrau oder Hausherr das Bild:

Gottesmutter,
wir tragen dein Bild wieder weiter.
Du aber bleibst bei uns
und Jesus, den du gebracht hast.
Wir haben uns heute bemüht, ein christliches Familienleben zu führen.
Liebe und Hilfsbereitschaft sollen unser Leben kennzeichnen.
Das Familiengebet soll unsere Gemeinschaft weiter verbinden.
Wir haben uns viel vorgenommen,
möge manches uns gelingen.
Gottesmutter, zünde überall dort,
wohin dein Bild kommt,
das Licht eines christlichen Familienlebens an.
Wir danken dir für deine Hilfe und
bitten dich weiterhin um deine Fürbitte.

Wir singen weitere Strophen des begonnenen Adventliedes. Vor dem Aufbruch beginnen wir den Rosenkranz mit dem

- Apostolischen Glaubensbekenntnis,
- drei Gegrüßt seist du Maria mit den
- Anrufungen der drei göttlichen Tugenden.

Unterwegs beten wir das erste Gesätz vom freudenreichen Rosenkranz.

Andere Begrüßungsgebete

Überbringer:
Wir kommen, wir fragen, wir klopfen an,
ob Christus, der Heiland zu euch kommen kann.

Das „Paradiesgärtchen“ oder „Klausengärtchen“ ist Vorläufer des Adventkranzes. Der Advent erinnert uns an das verlorene, ersehnte und durch Christus wieder geöffnete Paradies. Der Nikolaus gehört original nicht dazu, er ist anlässlich seines Besuches in dieser Zeit „eingestiegen“.

Lexikon des Christlichen Brauchtums, A. Läpple, S. 66

Unsere Liebe Frau ist wieder auf Reisen,
wir möchten ihr gern Herberge zuweisen.
Wir möchten erbitten ein gutes Quartier,
ein offenes Herz, eine offene Tür.
Eine offene Tür für Christus auf Erden,
der aus Maria geboren will werden.
Wollt, liebe Leut uns eintreten lassen,
die Mutter Gottes steht auf der Straßen.
Und St. Josef, der heilige Mann,
der fragt bei euch um Herberge an.
Tut ihre Wanderschaft tief verehrn,
das heilige Kommen von Christus
und dem Herrn.
Drum kommen und klopfen
und fragen wir an,
ob Christus, der Heiland
zu euch kommen kann.

Empfänger:
O Jungfrau Maria, von Herzen gern!
Tritt ein mit unserem lieben Herrn!
Du bist voll der Gnaden, sei uns gegrüßt,
und gelobt sei dein Sohn, unser Herr Jesu Christ.
Es ist uns Ehre und große Freud,
dass ihr zu uns gekommen seid.
Denn jedes Haus wird gesegnet sein,
in das ihr beide tretet ein …
O Mutter Maria, tritt herein,
und willst unsere Frau und Mittlerin sein,
dass wir eintreten dürfen bei deinem Sohn,
wenn Er wiederkommt auf ewigem Thron.

Herberglieder

(es sind nur einige besondere angeführt)

1. ***Maria, sei gegrüßet,***
du lichter Morgenstern! (GL 815)
Der Glanz, der dich umfließet,
verkündet uns den Herrn.
Von jeder Makel rein, sollst du zum Menschenheile, des Höchsten Mutter sein.
2. Dein Gott zu dir gewendet,
erteilet den Befehl.
Es spricht von Ihm gesendet,
der Engel Gabriel:
„Maria, Gnadenzier, Gesegnetste der Frauen,
der Herr ist ganz mit dir!“
3. Dies konntest du nicht fassen
und batest ihn dabei,
dich recht verstehn zu lassen,
was diese Botschaft sei:
„Maria, zittre nicht. Denn du hast Gnad
gefunden, vor Gottes Angesicht!“

1. ***Behtlehem, hörst den Heiland du?***
Lass den Heiland ein, lass den Heiland ein!
Will ein Bettchen warm zur Ruh. Lass den Heiland ein, lass Ihn ein!
Will bei dir geborgen sein, zart und lieb ein Kindelein.
Behtlehem lass den Heiland ein! Lass den Heiland ein, lass Ihn ein!
2. Josef geht mit müdem Fuß. Lass den Heiland ein, lass den Heiland ein!
Doch vergebens ist sein Gruß. Lass den Heiland, lass Ihn ein!
Und Maria weint und sinnt: Wo soll betten ich das Kind,
wenn ich keine Heimstatt find? Lass den Heiland ein, lass Ihn ein!
3. Menschenherz, hör doch das Flehn! Lass den Heiland ein,
lass den Heiland ein!
Lass den Herrn nicht draußen stehn! Lass den Heiland ein, lass Ihn ein!
Birg den lieben Jesu rein, warm in deines Herzens Schrein,
ewig wird dann Weihnacht sein! Lass den Heiland ein, lass Ihn ein, o lass Ihn ein!

1. **St. Josef geht von Tür zu Tür,**
bringt überall sein Bitten für:
„Maria ist so müd' und bang'. Gebt Herberg' uns, der Weg war lang!"
O Betlehem, erhör das Flehn, lass deinen Herrn nicht draußen stehn!
2. Doch überall das harte Wort: „Hier ist kein Platz, drum geht nur fort!"
Maria sinnet kummervoll, wohin das Kind sie betten soll?
O Bethlehem, wie hart bist du, du schlägst die Tür dem Christkind zu!
3. Das Vieh im Stall kennt seinen Herrn, macht Platz der Mutter Gottes gern.
Doch Bethlehem hat nicht erkannt, dass Gott den Heiland hat gesandt.
O Bethlehem, wie bist du blind, dass du nicht kennst das Gotteskind!
4. Und Herberg' sucht nun jedes Jahr, für's Jesuskind das heilige Paar.
Schau an das Kind so arm und klein, es möchte bei dir geborgen sein.
Bedenk o Mensch, welch Kind es ist: Dein Gott und Heiland, Jesus Christ!

1. **Wer klopfet an?** *O zwei gar arme Leut'.*
Was wollt ihr denn? O gebt uns Herberg heut'.
O durch Gottes Lieb' wir bitten: Öffnet uns doch eure Hütten!
O nein, o nein! O lasset uns doch ein! Es kann nicht sein!
Wir wollen dankbar sein! Nein, es kann einmal nicht sein!
Da geht nur fort, ihr kommt nicht rein!
2. Wer vor der Tür? Ein Weib mit ihrem Mann!
Was wollt denn ihr? Hört unser Bitten an!
Lasset uns bei euch heut wohnen,
Gott wird euch schon alles lohnen!
Was zahlt ihr mir? Kein Geld besitzen wir!
Dann geht von hier! O öffnet uns die Tür!
Ei, macht mir kein Ungestüm, da packt euch, geht woanders hin!
3. Was weinet ihr? Vor Kält erstarren wir.
Wer kann dafür?
O gebt uns doch Quartier. Überall sind wir verstoßen,
jedes Tor ist uns verschlossen! So bleibt halt drauß'!
O öffnet uns das Haus! Da wird nichts draus!
Zeigt uns ein andres Haus! Dort geht hin zur nächsten Tür!
Ihr habt nicht Platz, geht nur von hier!
4. Da geht nur fort! O Freund, wohin, wo aus?
Ein Viehstall dort! Geh Josef nur hinaus!
O mein Kind nach Gottes Willen,
musst du schon die Armut fühlen!
Jetzt packt euch fort! O dies sind harte Wort!
Zum Viehstall dort! O wohl ein schlechter Ort!
Ei, der Ort ist gut für euch, ihr braucht nicht viel. Da, geht nur gleich!

Der Engel des Herrn *(GL 843 und in anderen Variationen)*

Sieh, der Herr kommt in Herrlichkeit *(GL 816)*
Sieh der Herr kommt in Herrlichkeit und mit ihm seine heilige Schar.
Und erstrahlen wird an jenem Tag ein großes Licht. Halleluja.

4
Hochfest der Geburt des Herrn

Zeitenwende aller Völker und Nationen, Erlösung auch für den modernen Menschen unserer und jeder Zeit: Gottes Sohn wird geboren, aus der Jungfrau Maria. Jetzt ist der Himmel, das Paradies wieder geöffnet, das seit Adam und Eva verschlossen war.

Geburt Christi - Was glauben wir?

Der Weihnachtsfestkreis liegt in der dunkelsten Zeit des Jahres. Er beginnt mit einer Kerze im Advent und wird jeden Sonntag um ein Licht heller. In der Heiligen Nacht erstrahlt ein Lichterbaum: Schöne Symbolik für Christus, wahres Licht der Welt.

Hochfest der Geburt des Herrn nennt die Kirche das wichtigste Ereignis der ganzen Weltgeschichte. Die **Liturgie** von Weihnachten lädt uns ein, den göttlichen Erlöser den wir im Kind in der Krippe erkennen, aufzunehmen. Viele Symbole helfen uns, das Geheimnis von Weihnachten besser zu verstehen, das Licht ist darunter eines der tiefsinnigsten. Das Fest fällt in die Wintersonnenwende, zu dieser Zeit nimmt auf unserer Hemisphäre das Tageslicht wieder zu. Das Naturereignis deutet auf eine andere Wirklichkeit hin, die die Menschen berührt: Das Licht des Guten siegt über die Dunkelheit des Bösen, die Liebe überwindet den Hass. Zu Weihnacht erstrahlt die Botschaft vom endgültigen Sieg der Liebe Gottes über Sünde und Tod.

Weihnachten feiern wir acht Tage (**Oktav**), das Fest gipfelt im 1. Januar und ist ein dreifaches Fest: Hochfest der Gottesmutter, Oktavtag und Jahresbeginn. Mit Dreikönig schließlich endet der Kleine Weihnachtsfestkreis. Die Krippe wird bis dahin den Evangelienberichten gemäß gefüllt und katechetisch begleitet durch Eltern, Großeltern und Tanten.

Mehr siehe: KKK 525 und Stichwortverzeichnis: Jesus Christus; Jesus von Nazareth, Band 3, Prolog.

Die zwei weihnachtlichen Hochfeste

- **Geburt unseres Herrn** (25. Dezember)
- **Erscheinung des Herrn** (6. Januar)

Die beiden weihnachtlichen Hochfeste wurden im vierten Jahrhundert festgelegt, nachdem die Kirche die Gottheit Christi, geboren von einer Frau, allen Leugnern gegenüber feierlich bekennen musste: Jesus Christus ist wahrer Gott und wahrer Mensch, er hat deshalb auch einen konkreten Geburtstag, den wir am 25. Dezember feiern. „Christus, der Retter ist da“, singen wir im Lied „Stille Nacht, heilige Nacht“ jedes Jahr tief bewegt. „Heute“ ist Er der verborgene Gott, doch „morgen“ wird Er kommen in Macht und Herrlichkeit (Ende der Zeit). Christi Geburt ist die Zeitenwende. Christus ist Zentrum aller Verkündigung.

Die Kirche des Westens

hat als Termin den 25. Dezember gewählt. Er galt vorher als Festtag des unbesiegbaren Sonnengottes Helios und Mytras. Die Christen aber bekennen Jesus Christus als das wahre Licht der Welt und die wahre Sonne.

Die Kirche des Ostens

bevorzugt den 6. Januar. Mit ihr feiern auch wir diesen Tag als Erscheinung des Herrn (Epiphanie): Erscheinung durch die Anbetung der Könige vor dem neugeborenen Gotteskind und der Bestätigung durch die Stimme Gottvaters bei der Taufe Jesu (1. Sonntag nach Dreikönig) und den ersten Wunderzeichen des Herrn (Rotes GL Nr.128).

Jüdischer Kalender feiert Lichterfest

Auch der Jüdische Kalender kennt ein Lichterfest, Chanukka, um die Wintersonnenwende. Das Fest geht auf ein geschichtliches Ereignis im zweiten vorchristlichen Jahrhundert zurück. Chanukka heißt Entweihung: Die Griechen haben den Tempel entweiht und die Zeusstatue aufgestellt. Judas Makkabäus gelang es, Jerusalem zu erobern und den entweihten Tempel

neu zu weihen. Das Fest dauert acht Tage, es bekam erst mit der Zeit die heute bekannte traditionelle Form: das Anzünden von acht Kerzen auf dem Chanukka-Leuchter. Das Chanukkafest wird im Dezember gefeiert und die Kinder bekommen Geschenke.

Weihnachten in der Hauskirche

Wie feiern wir?

Dieses Fest kennt eine Fülle von Traditionen und Bräuchen, weshalb es besonders wichtig ist, vor lauter Äußerlichkeiten das Wesentliche nicht zu vergessen. Papst Benedikt XVI. ruft zur Bewahrung der christlichen Weihnachtsbräuche auf, denn „in einer modernen und konsumorientierten Welt gilt es, diese Traditionen – als Teil des Glaubens – an die kommende Generation weiterzugeben“.

Umfassende Vorbereitung auf Weihnachten

- Das Fest erfordert viel Vorbereitung, weshalb „hinarbeiten“ und „aufhören können“ wichtig ist.
- Die beste Vorbereitung ist eine **adventliche Lebensweise**▸.
- Beichte rechtzeitig einplanen, "Beicht‘ macht leicht"!
- Geschenke schon während des Jahres überlegen, ab Verkündigung des Herrn (25. März) besorgen, spätestens bis 3. Adventsonntag.
- Erprobter Plan für Putzen und Vorbereitung ist hilfreich.
- Backen der weihnachtlichen Gebildebrote: Kekse nach alten Rezepten und auch optisch wahre Kunstwerke. In Italien ist das Panettone Tradition

Der 24. Dezember

■ Aufgabenverteilung auf alle in bewährter Weise. „Im Tun geschieht Einstimmung".

■ Fasttag bis Mittag. Diese bewährte Tradition hebt die Freude auf ein festliches Mahl. Vielen kirchlichen Festen geht deshalb ein halber oder ganzer Fasttag voraus.

■ Letzte Rorate: Mit dem Evangelium vom Stammbaum Jesu (Mt 1, 1-25). Einige der schwierigen Namen sind uns bekannt, viele andere nicht. Der menschliche Stammbaum Jesu kennt alle Höhen und Tiefen menschlicher Möglichkeiten: Tamara war eine Hure; Ruth eine gute Schwiegertochter; David ein Ehebrecher und Mörder, nach seiner Bekehrung wurde er der große König; schließlich Josef, der Verlobte Marias, von ihr wird Jesus geboren. Wir bedenken unseren eigenen Stammbaum, Gott schreibt Heilsgeschichte, vertrauen wir seiner Vorsehung.

■ Christbaum schmücken, gemäß der familiären Tradition. Der schönste Christbaum ist für die meisten Menschen jener der Kindheit, statt jedes Jahr anders!

Zur Geschichte des Weihnachtsbaumes

Zusätzlich zum Aufstellen der Krippe ist das Schmücken des Christbaums der bekannteste Brauch zur Weihnacht. Er wird erstmals um 1605 erwähnt als Tannenbäumchen, geschmückt mit Äpfeln, Oblaten, Zucker und Zischgold. Aufgrund der Symbolik sind zwei Deutungen möglich: Er erinnert an den Baum der Erkenntnis im Paradies, den Anfang der Menschheitsgeschichte. Nicht umsonst hat die Kirche das Gedächtnis der Stammeltern, Adam und Eva, auf den 24. Dezember, gelegt. Der Weihnachtsbaum ist auch ein Bild jener Lebensbäume, die uns die Offenbarung des Johannes nennt. Ihre Symbolik ist im immergrünen Baum besonders gegenwärtig. In der Endzeit, der endgültigen Weihnacht, werden am Strom die Bäume des Lebens stehen, die zwölf Mal Frucht tragen und deren Blätter zur Heilung der Völker dienen (Off 22,2f). Unsere Weihnachtsbäume tragen Kerzen, Symbol für jenes Licht, das von Gott her in die Welt kam.

■ Vorkochen und Vorbereiten des traditionellen Mahles für den Heiligen Abend und den 25. Dezember, so weit wie möglich. Das verhindert unnötige Arbeit am Festtag.

■ „Letzte Herbergsuche" am späten Nachmittag im Stammhaus des Herbergbildes mit dem Rosenkranzgesätz: Den du o Jungfrau zu Bethlehem geboren hast (Seite 26 ff).

■ Adventkranz verbrennen: Nach der „Letzten Herbergsuche" wird das alte Adventlied gesungen: Sieh, der Herr kommt in **Herrlichkeit**▸. Der Kranz wird verbrannt, er ist geweiht, Geweihtes wirft man nicht weg.

■ Friedhofgang mit Christbaum: Auch unsere Toten vergessen wir nicht.

■ Weihnachtliche Lichtergirlanden in Gärten und auf Balkonen sollen erst ab heute Abend brennen, im Unterschied zur Geschäftswelt, wo die Lichter bereits erloschen sind. Im christlichen Haus sollen die Lichterbäume bis Dreikönig, besser noch bis Maria Lichtmess (2. Februar) brennen.

- Krippe anreichern mit Figuren der Geburt Jesu: Das laufende, aktuelle, katechetisch begleitete Füllen zusammen mit den Kindern spricht Verstand und Gemüt an.

Geschichtliche Wurzeln der Krippe

Erste Darstellungen der Geburt Christi sind in das vierte Jhdt. zu datieren. Wir finden sie in der Katakombenmalerei und der Sarkophagkunst. Die Bilder werden immer mehr ausgestaltet und mit Figuren angereichert. Schon relativ früh werden in die Liturgie szenische Darstellungen aufgenommen. Im 14./15. Jhdt. entstanden viele Krippenspiele, wobei sich langsam die deutsche Sprache durchsetzte. Die gotische Frömmigkeit, besonders im Werk von Franz von Assisi entfaltet dann zunächst ganz einfache Krippenszenen. Angefangen mit Alttestamentlichen Szenen, dann die wesentlichen Gestalten der Geburtsszene und schließlich entfaltet sich eine wahre Krippenkunst an Figuren und Niveau.

Weihnachtlicher Hausaltar

Festlich geschmückt mit

- Tannenreis, Strohsternen und Silberfäden
- Liturgische Farben Weiß und Gold
- Krippe mit Geburt Christi Figuren

Weihnachtlicher Wohnungsdekor und Gebildebrot

- Festlich geschmückter Tisch (Weihnachtstischdecke)
- Tannenzweige und Silberfäden auf Bilder aufstecken
- Traditionelle Bäckereien erst ab Heiliger Abend

Der Heilige Abend

- Festliche Kleidung stimmt uns festlich statt Jogginghose oder Bluejeans
- Haussegnung: Die Familie zieht mit Weihwasser und Weihrauch durch das Haus, den Freudenreichen Rosenkranz betend: *Den du o Jungfrau zu Bethlehem geboren hast.*

Beginn mit dem Tagesgebet

V: Heute werde euch kund, dass der Herr
kommen wird, morgen schon
werdet ihr seine Herrlichkeit schauen.
Herr, erhöre mein Gebet.
A: Und lass mein Rufen zu dir kommen.
V: Lasset uns beten.
O Gott, in dieser hochheiligen Nacht ist uns
das wahre Licht,
das jeden Menschen erleuchtet, erschienen.
Lass uns, wir bitten dich, einst im Himmel
deinen göttlichen Sohn
im ewigen Licht schauen, den wir heute in
seiner Armut begrüßen.
Der mit dir lebt und herrscht in der Einheit
des Heiligen Geistes,
Gott von Ewigkeit zu Ewigkeit. Amen.

Abschluss bei der Krippe mit Segensgebet

V: Lasset uns beten.
Allmächtiger Herr und Gott,
segne dieses Haus.
Lass für immer hier wohnen:
Gesundheit, Tugend, Reinheit, Demut,
Güte, Sanftmut,
hilf, dass alle deine Gebote erfüllen
und immer dankbar seien gegenüber Gott,
dem Vater, dem Sohn
und dem Heiligen Geist
Gottes Segen bleibe allezeit über diesem Haus
und allen seinen Bewohnern.
Durch Christus unseren Herrn. Amen.

Weihnachten beginnt bei der Krippe …

■ Nach der Haussegnung versammelt sich die Familie vor der Krippe.

■ Vater/Mutter liest das Evangelium von der Geburt des Herrn (Luk 2, 1-14).

■ Abschluss mit dem Engel des Herrn und weihnachtlicher **Schlussoration**▸:

> ***Lasset uns beten!***
> *Gütiger Gott*
> *Jahr für Jahr erwarten wir voll Freude das Fest unserer Erlösung.*
> *Gib, dass wir deinen Sohn von ganzem Herzen als unseren Retter und Heiland aufnehmen,*
> *damit wir ihm voll Zuversicht entgegen gehen können,*
> *wenn er am Ende der Zeiten als unser Richter wiederkommt.*
> *Er, der in der Einheit des Heiligen Geistes*
> *Mit dir lebt und herrscht in Ewigkeit. Amen.*

TAGESGEBET VOM 25. DEZEMBER

… und führt hin zum Christbaum

■ Unvergesslich immer wieder der Anblick des strahlenden Christbaums, nicht nur für Kinder. Wie schön ist doch so eine Tanne, wie viele Jahre ist sie gewachsen, aus welchem Wald kommt sie? Lassen wir uns Zeit, den Lichterbaum zu bewundern Einige echte Lichter sollen am Weihnachtsabend brennen, auch wenn zusätzliche elektrische Kerzen leuchten.

■ Weihnachtslieder singen: Ein Liederbuch ist wichtig, um mehrere Strophen singen zu können. Gerade die „späteren“ bieten oft sehr ergreifende Texte.

■ Persönlicher Weihnachtswunsch: Frohe und gesegnete Weihnachten!

■ Bescherung – Der Brauch ist alt und gut, schlecht ist die Übertreibung!

■ Festliche Runde um den Christbaum nach je traditioneller Gestaltung.

Traditionelles Mahl

schmeckt nach adventlicher Askese besonders (Bratwürstel mit Sauerkraut, o. a.)

Gemeinsam zur Mitternachtsmette

Die Wanderung in dieser „stillen, heiligen Nacht“ wird zum besonderen Erlebnis. Von Ferne hört man mancherorts die Turmbläser. Festliche Liturgie bewusst mitfeiern, sie ist die erste der vier Liturgien von Weihnachten.

■ Weihnachtswunsch

Frohe und gesegnete Weihnachten!

Persönlich und schlicht, statt übertriebener Formulierungen.

25. Dezember,
Hochfest Geburt des Herrn

Weihnachten hat vier Liturgien, um die großen Ereignisse der Reihe nach zu verkünden, wie sie in den Evangelien berichtet werden (mehr im **Sonntags-Schott**▸):

■ Heiliger Abend: Geburt Jesu Christi

■ Heilige Nacht: Verkündigung durch die Engel (Engelamt)

■ Weihnachtsmorgen: Ankunft der Hirten (Hirtenamt)

■ Weihnachtstag: Ankunft der Völker, also wir!

Bewährte Traditionen

- Festliches Äußeres. Nicht Gott braucht das, sondern wir Menschen. Festlich gekleidet ist festlich gestimmt, wir erleben den Hohen Tag feierlicher. Das ist keine Modenschau, sondern Kultur und Menschenkenntnis. Die Tradition unterschied früher zwischen Sonntags- und Festtagskleidung. Hochfeste wurden durch die Festtracht nochmals herausgehoben.

- Hochamt und Krippenbesuch: In aller Regel ist das Hochamt sehr festlich, uns bleibt der Auftrag: Mitfeiern und mitsingen. Daran schließen sich Reverenz bei der Krippe, Bewunderung und Anbetung an.

- Päpstlicher Segen Urbi et Orbi um 12.00 Uhr: Der Papst spendet der Stadt Rom und dem ganzen Erdkreis den Segen und wünscht in mittlerweile vierundsechzig Sprachen Frohe und gesegnete Weihnachten. Über Fernsehen können wir den päpstlichen Segen empfangen und einen vollkommenen **Ablass**▸ gemäß den üblichen Bedingungen gewinnen.

- Festliches Mahl: Bei vielen Familien gibt es diesbezüglich Traditionen, hoffentlich schon möglichst vorbereitet zur Erleichterung der „Köche“!

- Johanneswein vom Vorjahr, wenn es ihn noch gibt. Die nächste Weinweihe ist ja bereits in wenigen Tagen.

- Geruhsamer festlicher Tag. Die Familie bleibt unter sich oder lädt Verwandte ein.

- Weihnachtliche Vesper (Abendgebet der Kirche) in der Familie oder Pfarrkirche.

- Engel des Herrn mit abschließender **Weihnachtsoration**▸:

  Lasset uns beten!
  Allmächtiger Gott,
  dein ewiges Wort ist Fleisch geworden,
  um uns mit dem Glanz deines Lichtes
  zu erfüllen.
  Gib, dass in unseren Werken widerstrahlt,
  was durch den Glauben in unseren
  Herzen leuchtet.
  Darum bitten wir durch ihn, unseren
  Herrn Jesus Christus,
  deinen Sohn, unseren Herrn und Gott,
  der in der Einheit des Heiligen Geistes
  mit dir lebt und herrscht in alle
  Ewigkeit.
  Amen.

26. Dezember, Erzmärtyrer} Stephanus

Der erste Märtyrer, ein junger Mann aus Jerusalem. Stephanus, einer der sieben Diakone der Gemeinde von Jerusalem (Apg 6,5), spielte eine besondere Rolle. Er wird geschildert als ein Mann voll Gnade und Kraft, voll des Heiligen Geistes. Er ist ein Blutzeuge, weshalb die liturgische Farbe rot ist. Jäh wird die Weihnachtsfreude abgebrochen, der erste Märtyrer für Christus wird gefeiert.

- In vielen Gegenden wird traditionell das Verwandtentreffen gefeiert.

Ball und Tanz

ab Stephanitag, richtiger noch ab Neujahr!

5
Der Kleine Weihnachtsfestkreis

Die Oktav (8 Tage) von Weihnachten dauert bis 1. Januar, der Kleine Festkreis bis Dreikönig. So wird das Mysterium der Geburt Christi weiter entfaltet. In diese Zeit fallen weitere wichtige Feste und Hochfeste mit reichem Brauchtum.

Der Kleine Weihnachtsfestkreis
dauert bis Sonntag nach Dreikönig.
Der Große Weihnachtsfestkreis
dauert bis 2. Februar, Darstellung des Herrn.

Das weihnachtliche Festgeheimnis wird weiter entfaltet im sogenannten Kleinen Weihnachtsfestkreis. Leider kennen viele Menschen die sogenannten Zwischentage, von Weihnacht bis Dreikönig, nur als Ferien mit Schi fahren und anderen Vergnügungen. Doch es gibt vom 27. Dezember bis Dreikönig wichtige Feste und Hochfeste mit reichem Brauchtum.

Zwei Typen des Christseins

In der Weihnachtszeit stellt uns die Kirche zwei Typen des Christseins vor Augen:

Märtyrer und Bekenner
- Erzmärtyrer Stephanus (26.12.) Blutzeuge
- Evangelist Johannes (27.12.) Bekenner
- Kindermord in Bethlehem (28.12.), Martyrium ohne persönliche Entscheidung.
- Hl. Thomas Becket (29.12.) Bischof und Märtyrer.

Entfaltung des Weihnachtsmysteriums

- Fest der Heiligen Familie (1. Sonntag nach Weihnachten).
- **Oktav**▸: Neujahr ist der 8. Tag, Namensgebung Jesu und Hochfest der Gottesmutter.
- Fest der Taufe Jesu, 1. Sonntag nach Erscheinung des Herrn.

31. Dezember, Silvester – Altjahrestag

Es ist die „letzte Stunde", heißt es in der Lesung. Nicht so sehr wegen der letzten Stunde im Kalender, vielmehr erinnern wir uns, dass die Welt und die Menschheit auf die Vollendung zugeht. Die Geschichte verläuft nicht in ewigen Kreisen, wie viele Zeitgenossen denken, vielmehr geht sie auf ein Ziel zu. Wir stehen in der Endzeit. Wir wissen nie, wann „unsere persönlich letzte Stunde" schlägt und sind so in die Entscheidung gestellt.
Vom Tagesheiligen, Papst Silvester, wissen wir, dass er ein großer Gelehrter war. Er ließ im vati-

kanischen Gräberfeld die erste Petruskirche und die Lateranbasilika errichten.

Jahresschlussfeier in Rom
Feierliches **Te Deum**▸ zum Jahresschluss, das wir Dank Fernsehen mitfeiern können.

1. Jänner, Ein dreifaches Fest – Hochfest der Gottesmutter Maria

Oktavtag▸ von Weihnachten und **bürgerlicher Jahresbeginn**. Das ist viel für einen einzigen Tag. Es braucht aber auch viel, damit dieser Tag ein Anfang werden kann, nicht nur im Kalender. Im Namen Gottes, im Licht seines Angesichtes gehen wir unseren Weg. Wir schauen auf den Sohn, ER schaut uns an, mit dem Herzen Gottes und mit den Augen seiner Mutter. Die Kirche stellt das **bürgerliche Jahr** unter den Schutz des Namens Jesu und der Gottesmutter und „Großen Frau".

6. Jänner, Hochfest der Erscheinung des Herrn

Der Dreikönigstag hat von jeher hohen liturgischen Rang. Der Evangelist Matthäus (2,1) schildert die Geburt des Herrn nur in einem Nebensatz, hingegen erzählt er ausführlich das Kommen der Magier und der Heiden, die dem Neugeborenen huldigen. Obwohl kein Engel zu den drei Weisen gesprochen hatte, brachen sie auf, machten sich auf die weite Reise, suchten und fanden den Herrn, den verborgenen Gott-König.

Epiphanie, Erscheinung geschieht auch für uns. In heiligen Mysterien begegnet uns der König der Welten als kleines Kind. Er begegnet uns in den Menschen, die uns lieben oder es nötig haben, dass wir sie lieben.

1. Sonntag nach Dreikönig, Fest der Taufe Jesu

Beginn des öffentlichen Lebens Jesu. Dieser Sonntag wird liturgisch bereits zu den „Sonntagen im Jahreskreis" gezählt. Zugleich Abschluss des Kleinen Weihnachtsfestkreises.
Die **Krippe** bleibt und wird gemäß den Evangelienberichten angereichert und erzählt .
Der **Christbaum** bleibt bis Dreikönig oder Darstellung des Herrn (2. Februar).

Wintersonnenwende ist vorbei, die Tage nehmen langsam zu an Länge und Licht.

Der Jüdische Jahresbeginn

Das Jüdische Jahr beginnt mit Nissan, mit März, der Erschaffung der Welt gedacht. Wahrscheinlich erst nach dem Babylonischen Exil bekommt Rosch Haschana Neujahrscharakter. Es wird im September oder Oktober gefeiert, wo die ganze Feldarbeit getan ist. Es heißt in der Thora: Im siebten Monat, am ersten Tag des Monats, ist für euch Ruhetag, in Erinnerung gerufen durch das Hornblasen (Lev 23,23). Dieses Fest wird auch als Tag des Hornblasens bezeichnet. Das dabei verwendete Horn, das Schofar, ist ein Widderhorn, in Erinnerung an den Widder, den Abraham an Stelle von Isaak opferte. Das Hornblasen ist daher gleichzeitig ein Zeichen der Erlösung (Siehe: Die Juden und ihr Glaube, S. 67 ff). Zehn Tage nach Neujahr wird Yom Kippur, der Versöhnungstag, gefeiert. Die Tradition besagt, dass das Urteil vom

Neujahrstag am Versöhnungstag besiegelt wird. Die zehn Tage zwischen diesen Feiertagen gelten als Bußtage. Enthaltung an diesen Tagen betreffen unter anderem Essen, Trinken, Körperpflege und Geschlechtsverkehr.

Hauskirche und Kleiner Weihnachtsfestkreis

„Draußen", in der Geschäftswelt wird es bald dunkel, Lichter und Glitzern wurde in den Advent verlegt. Ihr geschäftliches Interesse ist am 24. Dezember befriedigt.
Doch in der Hauskirche fängt Weihnachten erst mit dem 24. Dezember an. Wir beginnen erst zu Weihnachten mit einem Überschwang an Lichtern, Kerzen und Glanz an Christbaum und Girlanden. Nicht nur am Weihnachtstag, sondern acht Tage lang (**Oktav**▸) und schließlich abfallend, im Kleinen und Großen Weihnachtsfestkreis. Die Liturgie verkündet Licht als das Symbol von Weihnachten in ihren wunderbaren Gebeten voll innerer Glut.

Lasset uns beten!
Allmächtiger Gott!
Dein ewiges Wort ist Fleisch geworden,
um uns mit dem Glanz
deines Lichtes zu erfüllen.
Gib, dass in unseren Werken widerstrahlt,
was durch den
Glauben in unseren
Herzen leuchtet.
Darum bitten wir
durch Jesus Christus,
unseren Herrn.

Tagesgebet am Weihnachtsmorgen

27. Dezember, Johannes der Evangelist

Die Segnung des Johannesweins findet in der heiligen Messe statt, vor dem Schlusssegen. Man kann den Priester auch eigens darum bitten. Mit diesem Brauch wird wieder eine Brücke zwischen Kirche und Hauskirche geschlagen. Wenn darüber hinaus der Glaube gestärkt und durch solche Liebe gegen alles Gift gefeit wird, ist der Brauch sinnvoll und verdient, gepflegt zu werden. Der Wein schenkt Freude und der Evangelist Johannes ist der Lieblingsjünger, das ist der Grund der Freude. Sinnvoll ist, sich für besondere Anlässe einige Flaschen Wein segnen zu lassen.

Segensgebet über den Johanneswein

Lasset uns beten.
Herr, unser Gott, du schenkst uns den Wein
als Frucht der Erde und der menschlichen Arbeit.
Dein Sohn Jesus Christus hat den Wein erwählt
als Zeichen des Neuen Bundes in seinem Blute.
Segne + diesen Wein,
den wir zu Ehren des heiligen Apostel Johannes trinken.
Lass uns erfahren, dass du der Gott bist,
der die Herzen der Menschen froh macht
und Gemeinschaft stiftet.
Darum bitten wir durch Christus unseren Herrn. Amen.

Trinksprüche

- „Auf die Liebe des heiligen Johannes"
- „Auf Feuer und Geist des heiligen Stephan"

28. Dezember, Kindermord in Betlehem

Gemäß dem Bericht sieht Matthäus 2, 16-18 in diesem schrecklichen Vorgang das Wort des Propheten Jeremia (31,15) erfüllt. Den liturgischen Gedenktag dieser kindlichen Blutzeugen gibt es seit dem fünften Jhd. Augustinus und andere Kirchenväter haben die kindlichen Märtyrer gerühmt, die nicht nur als Zeugen, sondern weil sie stellvertretend für Jesus gestorben sind.

- Glockengeläut: Mahnung gegen das große Morden der Abtreibung.
- Krippe aktuell anreichern und katechetisch begleiten.
- Kindersegnung durch den Priester oder die Eltern.

1. Sonntag nach Weihnacht, Fest der Heiligen Familie

Was kann die Heilige Familie für die Familie von heute – Vater, Mutter und Kinder – schon bedeuten? Damals war doch alles ganz anders! Alles? Nun: Da war ein Kind, das sie liebten, die Mutter und Josef, der Vater an Gottes Statt. Diese drei waren eins in Ehrfurcht und Liebe. Fragen und Schmerzen warten auf das Kind und die Eltern. Doch. Nichts kann ihnen schaden. Nicht dem Kind, das geliebt wird, und nichts den Eltern, die vertrauen und bereit sind, das Leben des Kindes und ihr eigenes zu wagen!

- Familienweihe oder Erneuerung – siehe: *Die Kirche erwacht in den Häusern*
- Familienfeste spiritueller Art, in Pfarrei oder auch Weltfamilientreffen.
- Kindersegnung: Die Kinder erleben, dass die Menschwerdung Gottes für sie ein besonderes Geschenk des himmlischen Vaters ist. Sie empfangen den Segen und geben ein Opfer für die Kinder in Missionsgebieten.
- Krippengang: Einige Kirchen bieten wunderbare Krippen, Mariazell z. B.

29. Dezember, Gedenktag Thomas Becket

Bischof und Märtyrer, wurde 1162 Erzbischof von Canterbury.

Dem Erzbischof war die Freiheit der Kirche wichtiger als die Freundschaft mit dem König, mit dem er bis dahin ein Herz und eine Seele war. Es gab heftige Auseinandersetzungen, Becket verließ England und kehrte später zurück. Während der Vesper, am 29. Dezember 1170 wurde Thomas in seiner Kathedrale ermordet, 1173 heiliggesprochen, sein Grab wurde zu einem der großen Wallfahrtsorte in England.

31. Dezember, Altjahrestag

Sehr viel christliches Brauchtum ist mit der letzten Nacht des bürgerlichen Jahres nicht verbunden. Tag, Abend und Mitternacht wollen, wenn sinnvoll gefeiert, entsprechend vorbereitet sein. Sinnvoll wäre:

- Vormittag-Fasttag angesichts der bevorstehenden Festessen.
- Möglichst vieles für die Festessen von Silvester und Neujahrstag vorbereiten.
- Gemeinsam am späten Nachmittag die Jahresschlussandacht besuchen. In vielen Pfarren wird dabei der Verstorbenen dieses Jahres gedacht.
- Spaziergang am späten Nachmittag, er könnte auch über den Friedhof führen. Wir vergessen unsere Toten nicht, bringen ihnen das geweihte Licht.

Altjahresabend

Eine häusliche Feier ist passender als lärmendes und ausgelassenes Treiben.

- Krippenfeier, Anzünden der Christbaumkerzen, ein Weihnachtslied.
- Festliches Abendessen, in der Regel gemäß verschiedener Traditionen.
- Zweite **Haussegnung**: Die Familie geht betend durch Haus und Hof, um den Segen Gottes zu erbitten. Segnen, was für unsere Existenz heute wichtig ist, zum Beispiel auch den PC, damit er nie abstürzen möge.
- Lesungen, Psalm, Gebete aus **Schott** (vom morgigen Hochfest) oder GL Nr.157, 158.
- Die abgelaufenen Jahreskalender abnehmen: Wichtige Begegnungen, Erfahrungen, Menschen, Bücher und andere Ereignisse des Jahres. Sich der wichtigen Ereignisse des scheidenden Jahres dankbar erinnern (siehe **Direktorium Hauskirche**).
- Aufgehängte Kinderzeichnungen abnehmen: Bei uns gab es das Jahr über viele solche Gemälde von unseren Kindern, sie wurden signiert und aufgehängt. Am Altjahrestag wurden sie abgenommen und aufbewahrt. Zu bestimmten Anlässen wie z.B. Hochzeit werden sie dem „Künstler“ übergeben, ein beliebtes Geschenk!
- Fest mit Freunden oder Verwandten: Jeder bringe originelle Ideen mit.

- Fernsehprogramm einbeziehen, auch Pummerin-Geläut und Wiener Walzer.
- Auch allein kann man feiern und gestalten: Sich nicht gehen lassen!

Haussegnung am Altjahrestag

Beginn bei der Krippe
V: Seht, Maria gebar uns den Heiland,
bei dessen Anblick Johannes die Worte ausrief:
Seht das Lamm Gottes,
das hinweg nimmt die Sünden der Welt.
A: Alleluja.
V: Herr, erhöre mein Gebet.
A: Und lass mein Rufen zu dir kommen.
V: Lasset uns beten.
Großer Gott! Du hast durch die fruchtbare Jungfrauschaft Marias
dem Menschengeschlecht die Schätze des ewigen Heils verliehen.
Wir bitten dich,
lass uns die Macht ihrer Fürbitte erfahren.
Durch sie durften wir empfangen
den Urheber des Lebens, unseren Herrn Jesus Christus, deinen Sohn.
Der mit dir lebt und herrscht in der Einheit des Heiligen Geistes,
Gott von Ewigkeit zu Ewigkeit. Amen.

- Die Familie zieht mit Weihwasser und Weihrauch betend durch das Haus.
- Rosenkranz: Den du o Jungfrau zu Bethlehem geboren hast.

Segensgebet zum Abschluss vor der Krippe
V: Lasset uns beten.
Allmächtiger Herr und Gott, segne + dieses Haus!
Gib, dass hier allezeit wohnen:
Gesundheit, Tugend und Selbstvertrauen
Keuschheit, Demut, Güte und Menschenfreundlichkeit,
dass alle deine Gebote erfüllen und
immer dankbar seien
gegenüber Gott, dem Vater, dem Sohn und dem Heiligen Geist.
Gottes Segen bleibe allezeit über diesem Haus und allen seinen Bewohnern.
Durch Christus unseren Herrn. Amen.

Mitternacht, Jahreswechsel

- Weihegaben Licht, Brot und Salz stehen über Mitternacht auf dem Tisch. Zeichen unserer Bitte an Gott, Er möge uns das tägliche Brot, das Licht des Glaubens und das würzende Salz schenken, auch im Neuen Jahr.
- Entsprechende Gebete und Lieder vorbereiten: Gloria, Engel des Herrn, das Te Deum (GL Nr. 706), Großer Gott, wir loben dich!
- Feuerwerk in der Familie: Spritzkerzen können Böller ersetzen.
- Gutes Fernsehprogramm einbeziehen.
- „Pummerin-Geläut", Sekt und Wiener Walzer zum Abschluss der familiären Feier.

Ein guter Neujahrswunsch
Ein gutes Neues Jahr!
Segen und Gesundheit!
Halten wir zusammen!

1. Jänner, Neujahrstag – Hochfest der Gottesmutter Maria

Katholiken beginnen alles in Gottes Namen, im Namen Jesu: Die erste Stunde des Tages, den ersten Tag der Woche, den ersten Tag im Jahr!

Traditionen in der Hauskirche

- Hausaltar: Festlich geschmückt, liturgische Farbe ist weiß.
- Wechselrahmen mit Bild der Gottesmutter.
- Neujahrswunsch: Schlicht, sinnreich, unkompliziert.

■ Verschiedene Gebildebrote: Ein offener Kranz zwei Köpfen als „Januskopf" oder vierblättriges Kleeblatt als „Neujährchen" im Rheinland.
■ Persönliches Leitwort für das Neue Jahr wählen.
■ Neuen Terminkalender mit persönlichem Leitwort beschriften.
■ Gemeinsamer Besuch des Hochamtes, Reverenz bei der Krippe.
■ Weihe an die Gottesmutter vollziehen oder erneuern.
■ Wallfahrt zu einem Marienheiligtum.
■ Neujahrsbotschaft des Papstes mit Segen über Fernsehen miterleben.
■ Neujahrskonzert der Wiener Philharmoniker im Fernsehen (ab 11.00 Uhr).
■ Kalender für das kommende Jahr aufstecken.
■ Neujahrs-Ansingen in Familie und Öffentlichkeit, ernst und heiter zugleich.

6. Jänner, Hochfest Erscheinung des Herrn

■ Dritte und letzte Haussegnung am Vorabend

Beginn bei der Krippe mit Tagesgebet
V: Die Weisen taten ihre Schätze auf und brachten dem Herrn
Weihrauch, Gold und Myrrhe.
A: Alleluja
V: Herr, erhöre mein Gebet.
A: Und lass mein Rufen zu dir kommen.
V: Lasset uns beten. Wunderbarer Gott!
Du hast am heutigen Tag den Heiden durch einen Stern,
der sie führte, deinen eingeborenen Sohn geoffenbart.
Wir dürfen dich glaubend erkennen.
Führe uns, wir bitten dich, durch deine Gnade
zur Anschauung des vollen Glanzes deiner Herrlichkeit.
Durch unseren Herrn Jesus Christus, der

mit dir lebt und herrscht in der Einheit des Heiligen Geistes,
Gott von Ewigkeit zu Ewigkeit. Amen.

■ Die Familie zieht mit Weihwasser und Weihrauch betend durch das Haus.
■ Rosenkranz: Den du o Jungfrau zu Bethlehem geboren hast.

Segensgebet zum Abschluss vor der Krippe
V: Lasset uns beten.
Allmächtiger Herr und Gott,
segne+ dieses Haus!
Gib, dass hier allezeit wohnen:
Gesundheit, Tugend und Gottvertrauen,
Keuschheit, Demut, Güte und
Menschenfreundlichkeit,
dass alle deine Gebote erfüllen und
immer dankbar seien
gegenüber Gott, dem Vater, dem Sohn
und dem Heiligen Geist.
Gottes Segen bleibe allezeit über diesem
Haus und allen seinen Bewohnern.
Durch Christus unseren Herrn. Amen.

Aus dem Weihegebet des Dreikönigwassers

■ **+C+M+B+** einschließlich der Jahreszahl. Segensspruch an die Türen schreiben, wenn nicht schon durch die Sternsinger geschehen. „C-M-B" sind die Anfangsbuchstaben der lateinischen Wörter: **C**hristus **M**ansionem **B**enedicat: Gott segne dieses Haus!
■ Erste Vesper beten, Lesungen betrachten, liturgisch beginnt der Tag am Vorabend.

- Hausaltar: festlich, Gold und Weiß: Weihrauchfass, Krone und Myrrhe.
- Krippe katechetisch angereichert mit Königen samt Gefolge.
- Besuch des Hochamtes, besonders festlich, wenn alle Sternsinger-Gruppen einziehen.
- Gebildebrot: Krone mit eingebackener Münze (Germteig). Wer sie findet, ist für diesen Tag amtierender König. Oder: Dreikönigkuchen mit drei mitgebackenen Bohnen (weiß, braun und schwarz). Die schwarze Bohne verleiht den Königtitel für diesen Tag; die braune Bohne macht heute arbeitsfrei; wer die weiße Bohne findet, erhält für heute eine besondere Funktion. Der König schließlich darf zusätzlich alle beschenken, somit endet das Spiel für alle mit einer Überraschung.
- Kripperlreise: Besuch schöner Krippen in der Umgebung nah oder fern, z. B: Mariazell, St. Michael in Salzburg, Ebensee im Salzkammergut, der Wallfahrtsort Christkindl in Steyr oder die Pöttmesserkrippe mit ihren 778 Figuren und 453 Tieren auf zwölf Metern. Aguntum bei Lienz (Osttirol) ist Schauplatz der wohl größten Krippe der Welt, bis zu drei Meter hoch sind ihre Figuren. Traditionsreich sind die Krippen in Südtirol, besonders schön in Eppan an der Weinstraße, übrigens auch Rom.
- Weihe des Dreikönigwassers in bestimmten Kirchen: Über eine Stunde dauert das Weihegebet, mit Psalmen und Exorzismus. Im gläubigen Nehmen dieses Wassers wird das Gebet der Kirche wirksam. Wer dieses „hochgeweihte Wasser" entdeckt hat, nimmt an der Weihe teil oder „holt sich Dreikönigwasser" für entsprechende Anlässe.
- Anzünden der Kerzen am Christbaumes und letztes Mal das Lied: Stille Nacht.

1. Sonntag nach Dreikönig – Fest der Taufe Jesu

- Tauferneuerung in Kirche und Familie.
- Wunderbare Liturgie mit Lied: Dem Herrn sei Dank, ich bin getauft, GL 930).
- Der Papst tauft in der Sixtinischen Kapelle die Neugeborenen des Jahres im Vatikanstaat. Eindrucksvoll: schlichte, einen Meter hohe Kerzen, die bis zum Tod reichen sollen! Das könnte eine gute Anregung für Pfarren sein: Zwei Termine im Jahr für Neugeborenen der Pfarre.

Licht bis Maria Lichtmess

- Krippe, Christbäume und Lichtgirlanden können bis 2. Februar bleiben.
- Auch hier wird die Kontrastkultur zur „Geschäftswelt" sichtbar.
- Faschingsdekoration erst nach 2. Februar beginnen.

Gebete, Hymnen und Lieder dieser Zeit
Der du die Zeit in Händen hast, GL 157
Lobpreiset all zu dieser Zeit, GL 158

Gott sei uns gnädig und segne uns!
lasse sein Angesicht über uns leuchten,
dass man auf Erden seinen Weg erkenne,
unter allen Völkern
sein Heil.
Die Nationen sollen
sich freuen und
jubeln!
Denn du richtest den
Erdkreis gerecht.
Du richtest die
Völker nach Recht

und regierst die Nationen auf Erden.
Die Völker sollen dir danken o Gott,
danken sollen dir die Völker alle!
Es segne uns Gott!
Alle Welt fürchte und ehre ihn!

Ehre sei dem Vater, dem Sohn und dem Heiligen Geist,
wie es war im Anfang, so auch jetzt und in Ewigkeit. Amen.
Psalm 67; vgl. Num 6, 22-27

Rezept für „Januskopf", „Neujährchen" und „Königskronen"

Germteig: 50 dag Mehl, ca. ¼ l Milch, 6 dag Zucker, 8 dag Butter, 2 Dotter, 2 dag Germ, 5 dag Rosinen; 1 Ei zum Bestreichen, kandierte Früchte als Edelsteine.
Zubereitung: Germ in Form eines Dampferls ansetzen. Ist es aufgegangen, schüttet man es zum erwärmten Mehl; dann die übrigen Zutaten beifügen und den Teig gut durchschlagen. Teig an warmem Ort aufgehen lassen, dann weiterverarbeiten. Formen ausstechen oder winden.

6
Der Große Weihnachtsfestkreis

Der Große Weihnachtsfestkreis dauert vierzig Tage, von Weihnacht bis Darstellung des Herrn am 2. Februar. Mit einer Kerze im Advent hat er begonnen, und mit einem Lichterfest und Kerzenweihe schließt er ab.

Was glauben wir?

Diese Zeit von Weihnacht bis Darstellung des Herrn am 2. Februar dauert vierzig Tage. Die biblische Zahl vierzig taucht im Alten und Neuen Testament oft auf: 40 Jahre Wüstenwanderung der Israeliten, 40 Tage fastete Jesus in der Wüste, 40 Tage sind es von der Auferstehung Jesu bis zu seiner Himmelfahrt. Das Fest der Darstellung des Herrn wird in Jerusalem seit Anfang des 5. Jhd. „mit gleicher Freude gefeiert wie Ostern", berichtet die Pilgerin Aetheria. In Rom wurde das Fest um 650 eingeführt. Der Inhalt ist vom Evangelium her gegeben und wird von Lukas 2, 22-40 berichtet.

Im Osten wurde es als „Fest der Begegnung des Herrn" verstanden: der Messias kommt in seinen Tempel und begegnet dem Gottesvolk des Alten Bundes, vertreten durch Simeon und Hanna.

Im Westen wurde es mehr ein Marienfest: Reinigung Marias nach dem jüdischen Gesetz am vierzigsten Tag (Lev 12). Sinngehalt und Datum von Maria Lichtmess sind bewusst auf Weihnachten bezogen. Das Lichtmotiv bleibt erhalten.

Darstellung des Herrn oder Maria Lichtmess, 2. Februar

Seit der Liturgiereform von 1960 wird Maria Lichtmess (Marienfest) auch in der römischen Kirche wieder als Herrenfest gefeiert. Es bildet den Abschluss des Großen Weihnachtsfestkreises. Mit einer Kerze im Advent hat der Weihnachtsfestkreis begonnen, ein Lichterbaum war der Höhepunkt, am Ende werden noch einmal viele Kerzen brennen. Dann wächst der Tag schnell, zu Maria Lichtmess bereits um eine Stunde.

Symbolik des Lichtes

Das Licht gehört zu den kostbarsten Gütern der Erde, sein irdischer Träger ist das Feuer. Die Kulturgeschichte der Menschheit ist mit der Erfindung des Feuers eng verbunden. Der Gebrauch von Lichtern in der Liturgie ist so alt wie die

Liturgie selbst, die man ja vorwiegend am Abend feierte. Auch in den Katakomben waren Lichter notwendig. Seit dem 11. Jhd. werden die Kerzen auf den Altar gestellt. Das Licht ist ein uraltes Christussymbol. Gleichzeitig symbolisierte das „schmelzende Wachs" auch die Christen, die sich Gott ganz hingaben, gleichsam verbrannten.

Die Symbolik des Lichtes wird an zwei Festen besonders deutlich:

- *In der Osternacht: Die Osterkerze, entzündet am Osterfeuer, Wird mit dem Ruf „Lumen Christi" (Licht Christi) in den dunklen Kirchenraum getragen.*
- *Darstellung des Herrn: Christus wird als Licht bezeugt, das die Heiden erleuchtet.*

Kerzenweihe und Lichterprozession

Der greise Simeon sprach prophetisch zu den Eltern Jesu: „Dieser ist ein Licht, das die Heiden erleuchtet und Herrlichkeit für sein Volk Israel".

- Bedeutendster Ritus des Festes ist die Kerzenweihe: Die liturgischen Kerzen für das ganze Kirchenjahr werden geweiht,
- Findet eine Lichterprozession statt, tragen auch die Gläubigen brennende Kerzen.

Der Priester segnet + die Kerzen

Lasset uns beten.
Gott, du Quell und Ursprung allen Lichtes,
Du hast am heutigen Tag dem greisen Simeon Christus geoffenbart
als das Licht zur Erleuchtung der Heiden.
Segne + diese Kerzen,
die wir in unseren Händen tragen und zu deinem Lob entzünden.
Führe uns auf dem Weg des Glaubens und der Liebe
zu jenem Licht, das nie erlöschen wird.
Darum bitten wir durch Christus, unseren Herrn. Amen.

Dann folgt der Lobgesang des greisen Simeon (Schott für Wochentage). Ein letztes Mal brennen in der dunklen Kirche die Kerzen der Christbäume, zusammen mit den Kerzen in den Händen. Mit Jesus, Licht der Welt, schreiten wir ins fortgeschrittene Jahr hinein.

Tradition und Bräuche der Hauskirche

- Hausaltar: Liturgische Farbe ist weiß mit gold.
- Krippe ist jetzt „komplett", Zeit zum gemeinsamen Wegräumen.
- Tageslesungen und Stundengebet in der Familie (Vesper – Laudes).
- Lichtmess hat ein eigenes Lied: Nun Brüder sind wir frohgemut, GL 950.
- Wir nehmen alle für das kommende Jahr voraussichtlich benötigte Kerzen mit in die Kirche. Wenigstens ein Familienglied soll, stellvertretend, zur Kerzenweihe gehen.
- Traditionelles Abendessen, Abschluss von Weihnachten, wäre sinnvoll.

Welche Kerzen kommen in den Weihekorb?

- Neun rote Pfingstkerzen für die Novene
- Kerzen für den Hausaltar
- Grablichter für die Heilige Nacht, Silvester, Osternacht und Allerheiligen
- Namenstagkerzen für alle Familienmitglieder
- Weiße Kerze für besondere Anliegen
- Schwarze Gewitterkerze
- Zwei weiße Kerzen für die Krankensalbung

Früher hielt das Volk große Stücke auf die **„Lichtmesskerze"**. Es durfte kein Haus geben, in dem sie nicht für Nöte und Wechselfälle des Lebens bereitgehalten wurde. Ihre feierliche Segnung und das gewaltige Weihegebet, das Unheil abwehrt, bewirken diesen Wert. Wenn etwa das Gewitter drohend seine unheimlichen Schatten in die Stube warf, brannte die Kerze tröstlich am Tisch und ihr Schein wehrte wirksam Blitz vom Haus und Hagel vom Acker. Bei der Geburt eines Kindes leuchtete die weiße Kerze segnend und wenn ein Mensch sich anschickte, heimzugehen, wies sie ihm hell und klar den Weg in die Ewigkeit. Das Lichtfest passt gut zum erwachenden Leben in der Natur, zum Wendepunkt des Jahreslaufes.

Sind geweihte Dinge anders?

Ja, sie sind durch die Weihe der säkularen Verwendung entzogen und für den Kult ausgespart. Ihre Weihe und Kraft hängen vom Segensgebet ab. Bei gläubigem Gebrauch wird das Gebet der Kirche wirksam, deshalb ist es schön, die Segensgebete zu kennen.
Geburt, Hochzeit, Tod sind und bleiben Ereignisse der Lebenswende. Wir sollten unsere Weihe ausdehnen auf die heute doch sehr wichtigen Dinge wie den Computer, er ist heute fast existenziell. Deshalb wird der PC bei den Hausweihen heute besonders miteinbezogen, mit Weihwasser, Weihrauch und Gebet.

Maria Lichtmess – ein „stiller Feiertag"

Er ist heute ein Werktag und in vielen Pfarren geht dieser Tag fast unbemerkt vorüber. Hören wir die Lesungen des Stundengebetes, spüren wir den Jubel dieses Festes:

> *„Das Licht kam in die Welt und erhellte sie,*
> *die von Finsternis umfangen war.*
> *Das strahlende Licht aus der Höhe kam zu uns und leuchtete denen,*
> *die in Finsternis und Dunkel des Todes saßen.*
> *Das ist unser Mysterium, und darum schreiten wir mit Lampen einher,*
> *darum sind wir mit Lichtern herbeigeeilt,*
> *um zu zeigen,*
> *dass uns das Licht aufgeleuchtet ist, um anzudeuten,*
> *welcher Glanz von ihm auf uns übergehen wird. ...*
> *Niemand von uns bleibe ohne die Weihe dieses Lichtes,*
> *niemand, den es erfüllt, bleibe im Finstern.*
> *Voller Glanz wollen wir alle hervortreten,*
> *erleuchtet lasst uns ihm alle entgegengehen*
> *und mit dem greisen Simeon das klare und ewige Licht in Empfang nehmen.*
> *Mit ihm wollen wir im Herzen jubeln und*
> *dem Schöpfer und Vater des Lichts,*
> *der das wahre Licht gesandt, das Dunkel verscheucht*
> *und alles zum Leuchten gebracht hat, den Hymnus des Dankes singen".*

Zwei kleine Feste mit schöner Symbolik

Hl. Agnes, 21. Jänner

Ein schönes Fest: In Rom überreicht das Domkapitel der Lateranbasilika dem Papst jedes Jahr im Apostolischen Palast zwei junge Lämmer. Der Papst segnet die sogenannten Agnes-Lämmer. Agnus oder Agnes bedeutet Lamm, uns bekannt durch Agnus Dei, dem Lamm Gottes in der heiligen Messe. Aus der Wolle dieser Agnes-Lämmer werden von den Agnes-Schwestern die **Pallium**▸ gewebt. Sie werden in die **Pallium-Nische**▸ an der **Konfessio**▸ gelegt (Berührungsreliquie). Der Papst überreicht sie den im Vorjahr neu ernannten Erzbischöfen traditionell am römischen Patrozinium Peter und Paul, 29. Juni. Sie tragen diese Stola über dem Messgewand als Zeichen der Metropolitanwürde und ihrer besonderen Verbundenheit mit dem Stuhl Petri.

20. Jänner, Fabian und Sebastian

„Fabian und Sebastian, brechen den letzten Lebkuchen an". Noch zehren wir von weihnachtlichen Köstlichkeiten, als letztes bleibt uns der Lebkuchen, auch dafür gibt es einen Stichtag. Dieser Fabian-Lebkuchen wird beim Backen schon bedacht und liegt als besonders großer zuunterst aller Bäckereien in der Dose. Erst ab jetzt kommen die Faschingskrapfen ins Haus.

- Kehraus für die Weihnachtsbäckerei und
- Einzug der Faschingskrapfen

Übergang zum Fasching

Es ist Zeit, Weihnachten endgültig abzuschließen. Der Fasching ist in vollem Gang und geht auf den Höhepunkt zu. Der Fasching ist zwar keine Zeit im Kirchenjahr, aber doch Teil eines ganz und gar katholischen Lebensstils.

7

Fasching – (k)eine Zeit im Kirchenjahr

Manche Leute verbinden mit der Kirche einen Lebensstil, der ziemlich langweilig oder sogar lustfeindlich ist. Alles Unsinn! Wer auch schon das irdische Leben genießen will, ist beim Katholizismus genau richtig! Statt Traurigkeit, zeichnet katholische Nationen eine innere Heiterkeit aus.

Wenn liturgisch deklariert, dann als „Vorfastenzeit", denn der Karneval richtet sich nach der Fastenzeit. Fasching ist eine „Schwellenzeit, die „fünfte" Jahreszeit, wie die Rheinländer gerne sagen. Fasching ist eine Kultur des Kontrastes und steht sinnvollerweise der modernen Formlosigkeit entgegen, die „jederzeit alles genießen will, Hauptsache spontan!" Der Traditionsbruch hat uns eingebracht, dass wir nicht mehr echt genießen können: Ob Fasching und Fastenzeit, Werktag und Sonntag, das ganze Jahr wird zum Eintopf. Ein großer Kulturverlust, denn das, was man ohnehin immer hat, wird belanglos.

Geschichtliches zum Fasching

Vor der Liturgiereform des Konzils hieß diese Zeit „Vor-Fastenzeit". Das „Vor" bezog sich nicht nur auf Fastenzeit, sondern auch auf Ostern. Die „Vorfastenzeit" schloss bis 1964 an die Weihnachtszeit an, Vorfastenzeit und Fastenzeit dauerten insgesamt neun Wochen. Die Sonntage waren nummeriert, ihre Namen waren demgemäß: Der erste Sonntag hieß Septuagesima, Sexagesima, dann Quinquegesima, das ist der heutige Fastnachts- oder Faschingsonntag. Der Fasching oder Karneval selbst dauerte nur sechs Tage: Donnerstag bis Aschermittwoch.

Vom „schmutzigen Donnerstag" bis zum „Faschingdienstag" tobte, wo es ihn gab, der Karneval. Der „unsinnige" oder „fette Donnerstag" („fette Fleischspeisen") war der „Weiberdonnerstag". Am Freitag wurde – in Erinnerung an das Todesleiden Jesu – nicht einmal im Fasching gefeiert. Der Samstag war dann Auftakt zum Faschingsonntag, der mit dem Rosenmontag und Faschingdienstag zu den drei tollen Tagen zählte. Heute beginnt der Fasching bereits nach Maria Lichtmess, in Deutschland bereits am 11. 11.

Was bedeutet Karneval?

Carneval, zusammengesetzt aus Carne = Fleisch und vale = Imperativ von „gehen". Frei übersetzt: Fleisch, geh weg! Fleisch war Inbegriff von Kraft, Wohlstand und es sich gut gehen lassen. Fasten hieß demnach in erster Linie, auf Fleisch verzichten. In vielen Familien gab

es früher Fleisch nur an wenigen Tagen: Sonntag, Dienstag und Donnerstag. Fleisch war teuer und daher etwas Besonderes. Heute wissen wir, dass es vom gesundheitlichen Standpunkt aus klug war!

Sinn des Karnevals

Der ursprüngliche Sinn des Faschings ist durchaus ein religiöser und ohne nachfolgende Fastenzeit gäbe der Fasching keinen Sinn. Narretei und Ausgelassenheit gehen sinnvollerweise der Bußzeit voraus, die dann umso mehr als geistliche Zeit erlebt werden soll. Deshalb wird vor allem in den traditionell katholischen Ländern der Fasching gebührend gefeiert, in Österreich, in deutschsprachigen Ländern, besonders in Köln! gibt es Hochburgen des Karnevals, auch in Monte Carlo, Rio de Janeiro, New Orleans, Nizza, Salvador de Bahia, Teneriffa, Venedig und Viareggio.

Sinn der Verkleidung

Verkleidung, Fastnachtsgruß und Spottlust sind Symbole für das Eintauchen in eine „verkehrte" Welt. Sie bieten die Möglichkeit, für kurze Zeit in eine andere Rolle zu schlüpfen. Das Verkleiden erlaubt spielerisch, eine andere Identität anzunehmen. Das Gesicht verdeckt durch Larve oder Maske, darf der Narr „alles" sagen. Ein Thema in Oper und Operette ist das „Durchtönen".

Von Narren, Schellen und Glöckchen

Um unerkannt zu bleiben, schlüpft der Mensch also in ein Kostüm, original mit Eselohrenkappe, Narrenzepter und klingenden Schellen.

Der König der Masken ist der Narr, die Wortbedeutung ist nicht ganz geklärt. Die Narren luden sich jedenfalls selbst bei Festen als Spaßmacher ein, um „einmal ungeschminkt die Wahrheit sagen zu können". Der Narr kann Stärken und Schwächen ansprechen. Sobald Narrenfreiheit und Narrenrecht gelten, darf der Narr, von allen Zwängen befreit, tun und lassen, was ihm beliebt. Ausgenutzt wird dieses Recht bei Büttenreden.

Der volkstümliche Sinn des Narren lautet etwa: Nimm dich und alles drum herum nicht tierisch ernst und wichtig! Geh einmal über den Friedhof, er erinnert dich, wie „wichtig" jede VIP ist.

Warum die Zahl „11"?

Eine wenig bekannte Zahlensymbolik hat den modernen Beginn der Narrenherrschaft auf den 11.11. vorverlegt. Die „Elf" galt als eitle Zahl. Ein Narr ist, wer die „Zehn Gebote" übertritt.

Biblische Akzente des Faschings

Bis zum II. Vatikanischen Konzil hatte der Faschingsonntag folgende Lesungen:

- 1 Kor 13, 1-13, Hohelied der Liebe
- Ps 53,2
- Evangelium Lk 10, 25-37: Jesus ging von Jericho nach Jerusalem

In der Lesung am Karnevalsonntag, im Hohelied der Liebe, 1 Kor 13, wurden Narren mit klingenden Schellen verglichen: Selbst wenn ich alles hätte und könnte, „hätte aber die Liebe nicht, wäre ich dröhnendes Erz oder eine lärmende Pauke". Lesung und Evangelium handeln von der Liebe und hatten folgenden Zusammenhang: Ein Narr ist, wer nicht liebt; Narr, wer Gott leugnet, den Menschen an dessen Stelle setzt und

ihn zum Maß aller Dinge macht. Ein Narr ist, wer seine Hoffnung bloß auf irdische Güter setzt (Lk 12, 20). Der „alte Mensch" ist ein Narr, ist unerlöst. Der „neue Mensch, erlöst durch Christus" ist der Weise.

Die Predigten am Faschingsonntag waren also ganz und gar keine „Faschingpredigten", sondern Warnung vor ausschließlicher Diesseitsorientierung und dem Fehlen von Gottes- und Nächstenliebe. Entgegen gesetzt wurden Metanoia, Aufruf zur Umkehr, zu einem Leben im Glauben, das sich an Gottes Geboten ausrichtet und als letztes Ziel die Ewige Seligkeit vor Augen hat.

Der Jüdische Festkalender feiert Purim

Dieses Fest fällt ins zeitige Frühjahr und geht auf das Buch Esther zurück. König Haman wollte die Juden umbringen, Esther erwirkte die Zurücknahme des Vernichtungsbefehls. Den Juden wurde erlaubt, sich zu verkleiden und Rache zu nehmen. Auch hier geht ein Fasttag voraus, gefeiert wird nur ein einziger Tag, mit Verkleidung (Masken) und tatsächlich übermäßigem Alkoholkonsum.

Fasching und Hauskirche

Die Kontrastkultur von Fasching und Fasten soll auch zu Hause erlebt werden. Alles hat seine Zeit, dieses Lebensgesetz ist einfach weise, es fördert die gefestigte Person, gibt Möglichkeit zum Training der Tugenden und erhöht eindeutig den Genuss. Das lehrt uns die ganz normale Lebenserfahrung: Was jederzeit zur Verfügung steht, rutscht unbemerkt in die Bedeutungslosigkeit!

Einige Anregungen zum Überlegen

Es gibt viele Möglichkeiten, den Fasching auf gute Weise auszuleben.

- Heiteres Lebensgefühl des Faschings genießen: Freude, Spaß, nichts ist tierisch ernst!
- Sich möglichst frei halten von moderner Sklaverei aller Art
- **Faschingskrapfen**▸, das Gebildebrot dieser Zeit, ab 20. Januar, ab Fabian und Sebastian gibt es erst Faschingskrapfen und nur im Fasching
- Ein Ball im Fasching ist Pflicht!
- Wohnung dekorieren und jeden Tag „eintauchen" in diese Atmosphäre
- Feste und Einladungen jetzt veranstalten, statt Advent und Fastenzeit
- Kreativität fördern: Kostümpflicht und Prämierung des besten Narren. Gäste können als Geschenk Faschingeinlagen mitbringen: Lieder, Büttenreden. Notizen dazu das ganze Jahr über sammeln!
- „Roasn" oder Gschnas: Im alpenländischen Raum gibt es die sogenannten informellen Besuche, mit Geselligkeit, Singen, Tanz und Musik
- Passendes Fernsehprogramm durchaus einbeziehen

■ Narrenkönig – Umkehren der Herrschafts- und Autoritätsverhältnisse: Der Jüngste der Familie ist einen Tag lang das „Familienoberhaupt“. Mancher „König“ wird schon mit der schwarzen Bohne des Dreikönigkuchens gewählt und übt seine Herrschaft auch im Fasching aus.
■ Am Faschingdienstag „gemeinsam“ Dekorationen wegräumen, Abschied nehmen!

Höhepunkt des Faschings

Das Faschingwochenende soll, soweit es geht, freigehalten werden von beruflichen und sonstigen Verpflichtungen, um die tolle Zeit auszuleben. Mancherorts ist der Sonntag inoffizieller Abschluss des Faschings, Montag und Dienstag sind wie eine Pufferzone, wo die Bestände von Süßigkeiten, Alkohol, Fleisch usw. noch aufgebraucht werden, um am Aschermittwoch die Fastenzeit beginnen zu können. Für viele andere sind Montag und Dienstag noch absolute Höhepunkte des Treibens. Es braucht ein bisschen Organisation, um für die letzten Tage zwar eine großzügige Küche walten zu lassen und doch Alkohol, Süßigkeiten und alles, worauf wir in der Fastenzeit verzichten wollen, aufzubrauchen.

Faschingdienstag – Höhepunkt und Übertritt

■ Traditioneller Heringschmaus heute, nicht am Aschermittwoch!
■ Am Abend das „letzte“ Glas Wein, die letzte Schokolade, die letzte Zigarette.
■ Gemeinsames Abräumen der Dekorationen, damit alle den Abschluss „miterleben“.

■ Einsammeln und Verbrennen der geweihten Zweige für die Aschenweihe: Palmbuschen, Fronleichnamsbirke, Kräuterbuschen.
■ Die gemeinsamen Vorsätze der Fastenzeit besprechen und erneuern.
■ Hausaltar bereiten: violette Bänder und Stundenbuch für Fastenzeit.
■ Häusliche Liturgie: Einleitung zur Fastenzeit im Stundenbuch.
■ Beichte vorbereiten rund um Aschermittwoch.
■ Dann in die neue Zeit, die Fastenzeit, eintreten.

Fasching-Gesichter aus Germteig

Rezept für Germteig: 50 dag Mehl, ca. ¼ l Milch, 6 dag Zucker, 8 dag Butter, 2 Dotter, 2 dag Germ, 5 dag Rosinen; 1 Ei zum Bestreichen, kandierte Früchte als Edelsteine.
Zubereitung: Germ in Form eines Dampferls ansetzen. Ist es aufgegangen, schüttet man es zum erwärmten Mehl; dann die übrigen Zutaten beifügen und den Teig gut durchschlagen. Teig an warmem Ort aufgehen lassen, anschließend weiterverarbeiten. Runde Gesichter ausstechen und mit Orangeat, Zitronat, Nüssen und Herzkirschen verzieren.

8

Aschermittwoch, Fastenzeit bis Palmsonntag

Mit dem Aschermittwoch beginnt die vierzigtägige Bußzeit zur Vorbereitung auf das Osterfest. Die Fastenspiritualität ist aber keineswegs traurig. Was der Frühlingsputz im Haus, ist die Fastenzeit für die Seele.

Die biblische Zahl vierzig hat Tradition (**Zahlensymbolik**▸): Vierzig Jahre wanderte das Volk des Alten Bundes durch die Wüste, um das Land der Verheißung geläutert zu betreten. Vierzig Tage verbrachte Mose auf dem Berg, um die Gebote Gottes entgegenzunehmen. Vierzig Tage fastete Jesus in der Wüste, widerstand dem Versucher und verkündete dann die Botschaft vom Reich Gottes. So bereiten auch wir uns alljährlich vierzig Tage vor auf die große Osterfeier, um Tod und Auferstehung des Herrn würdig zu feiern.

Exerzitien des Gottesvolkes

Ein heller, starker Ton durchzieht die Fastenspiritualität, Vorfrühlingsstimmung kündet die Kirche. Die Fastenzeit, auch Österliche Bußzeit genannt, dient dem Volk Gottes als Jahresexerzitien: Buße, aber nicht Trauer, vielmehr Aufbruch und Frühling, wo sich der Mensch erneuert, wie die Natur im Frühling. Erneuerung bedeutet Versöhnung des Menschen mit Gott und

Vorbereitung auf die Tauferneuerung in der Osternacht. Das Messbuch der Kirche (**Schott**▸) und das Stundenbuch der Fastenzeit sind unerlässliche Wegbegleiter durch die österliche Bußzeit, denn die Liturgie ist Lehrmeisterin im Glauben. Sie führt uns in richtiger Weise durch die heiligen vierzig Tage zum Ostermorgen. Jeden Tag heißt es im Stundengebet der Kirche:

Es kommt der Tag, dein Tag erscheint,
da alles neu in Blüte steht;
Der Tag, der unsere Freude ist,
der Tag, der uns mit dir versöhnt.

Jetzt soll sich unser ganzes Herz
durch Fasten und Gebet erneun'
und durch Entsagung
werde stark,
was müde ist und
schwach und krank.

„Fasten“ gibt dieser Zeit den Namen

„Fasten ist körperlich und seelisch heilsam, aber es muss freiwillig sein. Erzwungenes Fasten kann sogar unheilvoll sein. Im Hinblick auf das 40-tägige Fasten Jesu spricht G. vom höchsten Motiv und Vorgang im Organismus: „Zuerst wird nur der Mangel gefühlt. Dann verschwindet das Verlangen nach Nahrung und es kommt je nach Kraft und Reinheit der betreffenden Natur durch eine lange Reihe von Tagen nicht wieder. Wenn der Körper keine Nahrung erhält, zehrt er von seinem eigenen Bestand. Sobald aber diese Selbstverbrennung an die wichtigen Organe greift, erwacht ein wilder, elementarer Hunger und dann geht es um das Leben. Zugleich geht beim Fasten etwas Innerliches vor sich. Der Körper wird gleichsam aufgelockert. Der Geist wird freier. Alles löst sich, wird leichter. Last und Hemmung der Schwere werden weniger empfunden. Die Grenzen der Wirklichkeit kommen in Bewegung. Der Raum der Möglichkeiten wird weiter. Der Geist wird fühlender. Das Gewissen wird hellsichtiger, feiner, mächtiger. Das Gefühl für geistige Entscheidung wächst. Die Schutzvorrichtung der natürlichen Lebendigkeit, die den Menschen gegen das Verborgene und Gefährliche des Daseins, gegen die bedrohende Nähe dessen decken, was unter oder über oder neben dem menschlichen Dasein ist, lockern sich. Das Innere steht gleichsam hüllenlos den anderen Mächten offen. Es wächst das Bewusstsein der geistigen Macht und die Gefahr, das Maß des Zugewiesenen, die Grenzen des eigenen, endlichen Seins, seiner Würde und seines Vermögens nicht mehr klar zu sehen, wird dringlich die Gefahr der Überheblichkeit, der Magie, des Abhebens im Geiste. Wenn es ein religiös sehr begabter Mensch ist, der das alles durchmacht, in denen der Geist von äußerste Entscheidungen in große Gefahren gelangt.“

Aus: Der Herr, Romano Guardini, Verlag Herder

Die sechs Sonntage der Fastenzeit

Die Alttestamentlichen Lesungen der Sonntage geben einen Überblick über die Heilsgeschichte: Schöpfung, Erwählung und Führung des Gottesvolkes und die Ankündigung des Heils durch die Propheten. Lesungen und Tagesgebete sind Wanderkarten auf Ostern hin. Die Sonntage sind nicht bloß nummeriert, sie haben Namen, quasi ihr Programm. Die Namen entstammen der Liturgie, meist dem **Eröffnungsvers**▸, weshalb wieder der Sonntags-Messbuch Schott unerlässlich ist.

Reich gedeckter Tisch des Wortes

Das II. Vatikanische Konzil wollte den Gläubigen den Tisch des Wortes reicher decken und hat für die Wochentage zwei Leseordnungen (I und II) eingeführt. Für die Sonntage sogar drei: Jahr A, B, C). Auch die Psalmen zur Eröffnung, nach der 1. Lesung und zur Kommunion haben mehr Möglichkeiten zur Auswahl. So hören wir in der Liturgie seither viel mehr aus der Heiligen Schrift, mehr dazu in: *Die Kirche erwacht in den Häusern.* Immer aber gibt es einen „roten Faden“, wie wir am folgenden Beispiel sehen können:

1. Sonntag – Invocabit me: Er ruft mich an

Geprägt vom Evangelium der Versuchung Jesu. An diesem Sonntag meldete früher der Taufpate seinen Täufling zur Taufe in der Osternacht an. In Verfolgungszeiten bedeutete das durchaus Lebensgefahr.

2. Sonntag – Reminiscere: Denk an dein Erbarmen
Geprägt vom Evangelium der Verklärung Jesu, es spricht von **Taborfreude** schon in dieser Welt. Die Kirche ermutigt zum Fasten und erinnert an die Verklärung Christi.

3. Sonntag – Oculi: Meine Augen schauen stets auf den Herrn
Andeutung der Taufe in drei großen Bildern des Johannesevangeliums. Zur Frau am Jakobsbrunnen sagt Jesus: „Ich bin es!" Müde und durstig kam Jesus zum Brunnen und versprach lebendiges Wasser, zum Erstaunen der Frau und der Welt bis heute.

4. Sonntag – Laetare Jerusalem: Freue dich, Stadt Jerusalems
Mittezeit der Fastenzeit, dieser Sonntag hat nochmals eine eigene Bedeutung, es leuchtet Ostern auf! Deshalb: Liturgische Farbe Rosa. **Fastenbrechen** – sogar die Orgel spielt. Die Kirche ist das neue Jerusalem!

Laetare oder auch Rosen-Sonntag

Nicht zu verwechseln mit Rosen-Montag! Noch heute beschenken sich mancherorts die Menschen mit Rosen, woher kommt das? Das kirchliche und namengebende Ereignis des Rosen-Sonntags geht auf einen Brauch in Rom zurück. An diesem Sonntag trat der Papst mit einer geweihten goldenen Rose vor die Gläubigen. Er weist damit hin auf die nahe Passions- und Osterzeit, denn die Rose ist typologisch das ***Doppelsymbol Christi:*** *Dornen stehen für die Passion, die Rose aus Gold für die Auferstehung Christi.*

5. Sonntag, 1. Passionssonntag – Judica: Schaffe Recht mir Gott
Er stellt uns das Leiden Christi vor Augen, den Schmerzensmann. Die Kreuze werden mit tief violetten Tüchern verhüllt: Jesus verbarg sich in seiner Gottheit, bevor er als König in Jerusalem einritt und wenige Tage später gehasst und getötet wurde.

6. Palmsonntag oder 2. Passionssonntag
Der Sonntag hat seinen Namen von den Palmzweigen, Jesus wurde von den Hebräern begrüßt mit dem Ruf: Hosanna dem Sohne Davids! Mit Palmen in den Händen zog ihm das Volk entgegen. Auch wir tun das. Die Gemeinde zieht in festlicher Schar zum Gotteshaus, mit Palmzweigen in den Händen, die, weil gesegnet, nach Hause mitgenommen und aufgesteckt werden. Sie sollen uns an das von Christus geschenkte neue Leben erinnern. In der Eucharistie feiern wir Verurteilung, Verhör, Prozess und das Sterben Jesu am Kreuz, gemäß der Leidensgeschichte.

Der Palmsonntag eröffnet die Heilige Woche oder Karwoche, die uns ins Herz des Kirchenjahres führt, in das Heilige Triduum: Gründonnerstag bis Karsamstag.

Hochfest und Feste in der Fastenzeit

Sie leuchten auch in der Fastenzeit auf, gebührend gefeiert, auch mit **Fastenbrechen**

- 19. März: Heiliger Josef, Patron der Kirche, der Arbeiter und der Sterbenden.
- 25. März: Hochfest Verkündigung des Herrn. Liturgie mit Gloria trotz Fastenzeit.

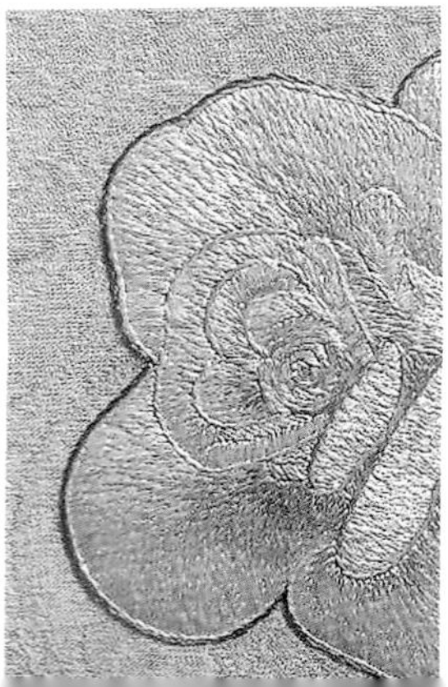

Genau neun Monate vor dem Fest der Geburt des Herrn wird das Fest gefeiert: Der Tag, an dem der Erzengel zu Maria gesandt wurde und ihr verkündete, dass sie zur Mutter des Messias erwählt war. Maria, Vertreterin ihres Vol-

kes und der Menschheit, hat mit ihrem einfachen „Ja" geantwortet. Die Gottesmutterschaft ist das zentrale Geheimnis im Leben Marias. Ein Fest der „Verkündigung des Herrn" wurde in der Ostkirche bereits um 550 am 25. März gefeiert; In Rom wurde es im siebten Jahrhundert eingeführt.
Hochfest: Das Schönste ist die Mitfeier der Hl. Messe.

Fastenzeit in der Hauskirche

Der österlichen Bußzeit fehlt leider ein „Mittebrauch", wie wir ihn etwa in der Adventzeit mit dem Adventkranz besitzen. In Südtirol stellt man in der österlichen Bußzeit das Hauskreuz (ein großes Stehkreuz) an einen bevorzugten Platz und schmückt es. So werden Hausbewohner und Gäste stets an den Sinn der Zeit erinnert und auf den Tod und die Herrlichkeit des Herrn hingewiesen. Vielleicht könnten Hungertücher – lange Zeit vergessen – heute wieder in Kirchen und Häusern aufgehängt werden und die Rolle des Mittebrauchs übernehmen. Aus: Christliches Brauchtum, H. Kirchhoff, S. 94.

Der Aschermittwoch

- Kirchengebot: Kein Fleisch, einmalige Sättigung (befreit sind: Alte, Kranke, Kinder).
- Hl. Messe mit Aschenauflegung: Mancherorts bringen Familien die geweihten Zweige des Jahres (Adventkranz, Palmzweige, Birkenzweig von Fronleichnam, Kräuterbund vom 15. August), sie werden vor der Kirche verbrannt, die Asche geweiht und ausgeteilt.
- Das Stundengebet der Kirche enthält eine gute Einführung in die Fastenzeit.
- Beicht' macht leicht: Gute Beichte zu Beginn der Fastenzeit.

Asche – ein nicht-sakramentales Zeichen wird zum Sakramentale

- *Auf ein nüchternes Symbol (Staub, Erde, Ackerboden),*
- *wird der Segen herabgerufen und es wird zum Sakramentale (Gen).*

Was sagt uns dieses Symbol mit dem zugehörigen Ritus? Erinnerung: Staub bist du und zu Staub wirst du werden. Ursprünglich war die Erde nicht verflucht, sie war gut! Wegen der Ursünde wird der Ackerboden verflucht, der Staub erfährt eine negative Verwandlung und Gott ist außerstande, den Menschen nicht zu verfluchen. Doch: Durch die Segnung erfährt der Staub eine positive Verwandlung. Gott will den Menschen zusammen mit der Strafe retten.

Aschermittwoch, Rom 2012, Papst Benedikt XVI.

Fasten ist nicht so einfach

Grundsätzlich sind Sonntage **Fastenbrecher**. Die Zahl 40 errechnet sich aus Wochentagen: Aschermittwoch bis Ostersonntag. Wer auch die Sonntage fastet, wird sich auf Laetare besonders freuen. Freiwillig und Unfreiwillig unterbrechen wir immer wieder unsere Vorsätze, wie aber kann „diese Tugend" dennoch gelingen?

- Fasten in kleinen Zeiträumen, bestimmte Tage (Freitag) oder auf bestimmte Meinung.
- Grundsätzlich einfaches Essen oder einmalige Sättigung.
- Bei Unterbrechungen wieder beginnen.
- Fastenwoche als Pfarre (Windischgarsten), entspricht **Quatember**.
- Beten und Gott um Hilfe bitten, fasten zu lernen.

- Kleine Opfer im Alltag: Geduld mit schwierigen Menschen; Werke der Barmherzigkeit.

Fasten auch mit den anderen Sinnen

Fasten gehört zum Kult vieler Religionen, einige verpflichten darauf sehr streng. Leider ist im Christentum die allgemeine Praxis beinahe verloren, Fasten ist, wenn überhaupt thematisiert, ins Private verdrängt. Leider, das mitreißende Beispiel wäre hilfreich. Fasten stärkt Leib und Seele und das Unterlassen schwächt uns. Andererseits ist Fasten Mode geworden und bedarf ebenfalls der richtigen Motivation.

Entwicklung der Fastenpraxis: Schon im 2. Jhd. hatten sich die Christen durch ein zweitägiges Fasten auf die Osternachtsfeier vorbereitet. Es wurde in gemilderter Form zunächst auf die Karwoche ausgedehnt und das Konzil von Nikäa spricht dann von einem 40-tägigen Fasten als weit verbreitete Sitte. Für die Römische Liturgie begann das Fasten am 6. Sonntag vor Ostern. Da aber der Sonntag nie als Fasttag galt, wurde, um die Zahl 40 zu erreichen, schon am Aschermittwoch begonnen:

Aus: Christliches Brauchtum, H. Kirchoff, S.91 f.

Hilfreich ist, konkrete Vorsätze zu fassen und kleine Schritte zu tun mit allen Sinnen.

- Fasten nicht bloß beim Essen und Trinken, sondern mit allen Sinnen.
- Fasten mit der Zunge: Nicht nörgeln!
- Fasten mit Augen: Kein Fernsehen, kein „shoppen“!
- Manche Eheleute fasten durch zeitweilige sexuelle Enthaltsamkeit.
- Fasten mit dem Geist: Ein gutes Buch statt Zerstreuung suchen.
- Fasten mit den Ohren: Stille, statt lauter und lustiger Musik.
- Keine lärmenden Veranstaltungen, solche Feste in den Fasching verlegen.
- Almosen: Leben, als wäre nicht selbstverständlich Geld auf dem Konto.
- Zeit zu Gebet, Betrachtung, Stille nutzen, also „geistig investieren“.
- Versöhnung angehen, wo es längst fällig ist: Briefe, Besuche, Gespräche.
- Hinleben auf Tauferneuerung und Neubeginn des geistlichen Leben.
- Einkehrtag oder Exerzitien zur frei übernommenen Verpflichtung machen.

Wiederentdeckung der „Statio zur Fastenzeit“

Wer sich während der Fastenzeit oder Osteroktav in Rom, der Ewigen Stadt aufhält, hat die Gelegenheit, einen liturgischen Brauch kennenzulernen, der seinen Ursprung in den ersten christlichen Jahrhunderten hat: Die statio. Das Wort stammt aus der römischen Soldatensprache und bedeutet so viel wie: Wache oder Wachposten.
Schon vor Konstantin versammelten sich die Christen Roms in bestimmten Häusern zu Gebet und feierlicher Prozession, bei der die Allerheiligenlitanei gesungen wurde. Papst Johannes Paul II. gab den Auftrag zur Wiederbelebung und Erneuerung dieser Gottesdienste. Dabei wird auch das Kreuz verehrt und mit ihm der Segen erteilt. Die Statio-Kirchen haben einen eigenen Aushang.

Mehr dazu siehe: www.vatican.va

Spiritualität der Fastenzeit

- Gebet und Betrachtung: Manche alten Gebetbücher bergen einen Schatz an spiritueller Tiefe (Kreuzeslob, Stundenbuch, Messbuch – Schott)

- Glaubensbildung anhand des Katechismus der Katholischen Kirche und Kompendium
- Jedes Jahr fortlaufende Betrachtung: Jesus v. Nazareth, Bd. 2, Benedikt XVI.
- Sogenannten **Fastenkrug**▸ aufstellen für alles „Verzichtete“
- Beten des Schmerzhaften Rosenkranzes
- Stundengebet (Laudes und Vesper), persönlich oder als Familie
- **Fastenkrippen**▸ besuchen
- Kreuzwegandacht wöchentlich

Der Kreuzweg – Betrachtendes Gebet

Es müssen nicht unbedingt mündliche Gebete sein, es genügt, wenn jeder nach seiner Fähigkeit das Leiden unseres Herrn anhand der Kreuzwegbilder betrachtet, während einer vorbetet. Meist ist es ein abwechselndes Gebet. Persönlich, als Pfarrgemeinde, als Kinderkreuzweg, in der Kirche oder auf dem Kalvarienberg. „Ohne Organisation und den festen Vorsatz geht es nicht“, erzählte eine Mutter. Sie hat die Kinder schon am Morgen erinnert, damit sie eingestimmt sind und auch planen können. Es empfiehlt sich, gleich den Kreuzweg am ersten Freitag mitzubeten, das ist ein klarer Beginn.

Besonders empfohlene Kreuzweg-Betrachtungen sind jene von: Joseph Kardinal Ratzinger, Romano Guardini, Josefmaria Escriva.

Man kann durch den Kreuzweg täglich einen vollkommenen **Ablass**▸ gewinnen und wer auch noch würdig die hl. Kommunion empfängt, gewinnt einen weiteren dazu.

Hausaltar in der Fastenzeit

- Herbe Schlichtheit, weder Blumen noch Tuch.
- Liturgische Farbe Violett für Buße und Umkehr.
- Sonntag Laetare – Liturgische Farbe Rosa.

Ab Maria Verkündigung, 25. März, ist die Kiste für Weihnachtsgeschenke geöffnet, analog der begonnenen Schwangerschaft Marias. In 9 Monaten ist Weihnachten!

Weihnachtsgeschenke während des Jahres sammeln, erspart Stress im Advent!

Zeitplan für Frühjahrsputz

Ein geputztes Haus ist absolut kein „Muss“, die Festesfreude erhöht es allemal: Um den Frühjahrsputz vor der Karwoche zu schaffen, ist ein Plan hilfreich. Beginnen Anfang der Fastenzeit, um sich durch Wohnung und Haus durchzuarbeiten. Alles, was möglich ist, lieber zu früh, als zu spät machen. Alle Außenaufträge möglichst frühzeitig erledigen.

Gebildebrote in der Fastenzeit

- Die Bäcker bieten ab Aschermittwoch Salzbrezeln oder -kringel an.
- Es empfiehlt sich für uns „Sattbürger“ auch das normale, trockene Brot.

Tage mit besonderem Brauchtum

Sonntag Laetare – Freudensonntag

- Liturgische Farbe Rosa▸: Freuet euch, bald ist es geschafft!
- Laetarestrauch▸ als Tischschmuck: Zweige mit rosa Blüten (Seidenpapier), süße Brezeln (Mürbteig) mit rosa Bändern aufgehängt.
- Fastenbrechen▸: Wer konsequent fastet, freut sich am Glas Wein!
- Zeit, die Osterkerze zu verzieren; auch geeignet als Geschenk.
- Zeit für die Osterpost.

5. Sonntag – erster Passionssonntag

Kreuzverhüllung mit violettem Tuch bis Palmsonntag, gemäß den biblischen Berichten verbarg sich Jesus, bevor er in Jerusalem einritt.

9

Palmsonntag und die Heilige Woche

Mit dem Palmsonntag beginnt die Heilige Woche. Sie ist eine Trauerwoche mit hellem Ende, denn das Kreuz ist zum Siegeszeichen des Herrn geworden. Wir feiern in der Liturgie den großen Sieg Christi über Sünde und Tod.

Die Karwoche im Kirchenjahr

Karwoche: „kar“ bedeutet Wehklage, Trauer oder Kummer. Der abrupte Umschwung von Erhöhung auf Erniedrigung könnte größer nicht sein: Jesus zog unter Jubel und königlicher Verehrung in Jerusalem ein. Wenige Tage später wurde er gehasst, gefoltert, getötet, er musste am Kreuz sterben.

Mit der Abendmesse am Gründonnerstag beginnt das österliche Triduum und schließt Karfreitag und Karsamstag mit ein. Wir feiern Leiden, Sterben und Grabesruhe Jesu. Der Sieg ist die Auferstehung Christi am frühen Morgen des dritten Tages. Die Mitfeier der Liturgie ist die beste Vorbereitung auf Ostern. Es lohnt sich, diese Tage möglichst freizuhalten, um auf alle Fälle die Liturgien gesammelt und „stressfrei“ mitfeiern zu können.

Der Empfang der Beichte und die Mitfeier der Eucharistie in der österlichen Zeit ist ein Kirchengebot, eine verpflichtende Weisung der Kirche. Gott schenkt uns seine Gnade vor allem durch die Sakramente. Wir tragen diesen Schatz in zerbrechlichen Gefäßen (2 Kor 4,7). Die Kirche will uns mit ihren Weisungen helfen, in der Gnade zu verharren und in Gemeinschaft und Nachfolge mit dem gekreuzigten und auferstandenen Herrn zu sein.

Palmsonntag oder 2. Passionssonntag

Seinen Namen hat er von den Palmzweigen, mit denen die Bevölkerung Jesus bei seinem Einzug in Jerusalem begrüßte.

- Die Pfarrgemeinde zieht in nachahmender Weise festlich zum Gotteshaus,
- mit Palmbuschen in den Händen: kunstvoll, geschmückt, festlich, freudig!

- Die liturgische Farbe ist rot und steht für Königtum Christi.
- In Rom ist der Palmsonntag auch ein „Kleiner Weltjugendtag“
- Zu Beginn der Prozession, die ihren Ausgang bis heute vom Obelisken

nimmt, rief Papst Benedikt XVI. in Erinnerung: „Die Palmzweige sind Zeichen des Martyriums, der Hingabe an Gott und der Menschen. Mit ihnen jubeln wir jetzt Jesus, dem Messias, zu und bezeugen unsere Teilnahme am österlichen Geheimnis, das wir feiern“ DT. 31. März 2007.

Roms Palmzweige stammen aus Ligurien

Ligurien verdankt sein Privileg einem mutigen Mann, Bendetto Brescas: Legendär ist der Schrei dieses Seemannes bei der Aufrichtung des Obelisken auf dem Petersplatz 1586: „Wasser auf die Seile!“ Er fürchtete, der schon fast aufgerichtete Obelisk könnte umstürzen, da die Seile zu reißen drohten. Die Warnung wurde als richtig erkannt, sie rettete den Obelisk und der Seemann hatte einen Wunsch frei und er wünschte sich Folgendes: Da der Heimatort des Matrosen als die Palmenstadt Italiens galt, erbat Bendettos für sich und seine Nachfahren das Privileg, die Palmen für die päpstlichen Paläste liefern zu dürfen, sogar den spektakulären Transport: Sobald das Schiff mit seiner Fracht die Mündung des Tibers erreichte, wurde ein großer, kunstvoll geflochtener Palmzweig (parmurelo) an der Spitze des Hauptmastes, für jedermann weithin sichtbar, angebracht. Das Schiff hatte Vorrang gegenüber den anderen Schiffen. Bordighera und San Remo haben ihren Ruf als Palmenstädte bewahrt und vertreiben weltweit die mit viel Liebe und Geschick ihre kunstvoll gefertigten „parmureli“.

Palmsontag und die Hauskirche

- Das Kreuz ist wieder enthüllt, alles ist königlich festlich geschmückt.
- Namengebendes Zeichen sind die Palmzweige.
- Bei der Palmprozession dabei sein, ist Ehrensache jeder Familie.
- Die geweihten Zweige werden anschließend zu Hause aufgeteilt: Beim Kreuz, im Stall, am Feld, zum PC, ins Auto, am Traktor…

Welche Sträucher gehören in den Palmbuschen?

Anfang der Fastenzeit werden die Zweige im warmen Zimmer eingewässert, damit sie Blätter treiben können. Auf dem Land kein Problem, werden Sie sagen, in der Stadt unmöglich! Nun, für mich persönlich trug es zur Beheimatung in der Stadt bei, die Standorte dieser Sträucher zu erkunden und die Besitzer eventuell um einige Zweige zu bitten. Die Zusammenstellung der traditionellen Sträucher ist von Gegend zu Gegend verschieden, unterschiedlich auch gebunden in verschiedenen Längen und Schmuckart. Während in Jerusalem Palmzweige getragen werden, verwendet man z.B. im Mühlviertel „7 bestimmte Sträucher“: Lange Haselstauden, Eichenlaub, Segenbaum, Palmkätzchen, Traubenkirsche (Älex), Linde und Birke.

Montag und Dienstag in der Karwoche

Sie sind die stillen Tage zwischen Palmsonntag und Gründonnerstag, in denen im Haus die vielen Vorbereitungen auf Ostern gemacht werden können.

- Putzplan folgen, fertig machen und aufhören!
- Osterbeichte: Ostern ohne Osterbeichte galt unter Katholiken bis vor wenigen Jahrzehnten undenkbar
- Bußandachten dienen nur als Vorbereitung
- Österliche Gebildebrote backen: Osterlamm, Krapfen, Raindling
- Eier färben, die wichtigste Farbe ist das königlich Rot

Mittwoch in der Karwoche

Am Nachmittag findet im Dom der jeweiligen Diözese die Ölweihmesse statt. Es lohnt sich unbedingt, sie wenigstens einmal mitzuerleben.

- Weihe der Heiligen Öle für Taufe, Firmung, Krankensalbung, Priesterweihe und Altarweihe. Die Liturgie ist gewaltig, besonders ergreifend der Ritus, wenn der Erzbischof in das Öl einhaucht (Gottes Geist) und das Weihegebet spricht.
- Gern wird dabei der aktuelle Brief des Papstes an die Priester vorgelesen.

Gründonnerstag oder Hoher Donnerstag

Wir treten ein in das Heilige Triduum. Während des Tages gibt es nirgendwo eine hl. Messe, erst am Abend versammelt sich die Gemeinde mit Priester und Diakon, um die Eucharistie zu feiern. Wir feiern das Gedächtnis an das:

- „Letzte Abendmahl“ und die Einsetzung der Eucharistie.
- Die Liturgische Farbe ist weiß.
- Das Evangelium von der Fußwaschung (Joh 13, 1-5) erinnert an den Dienst, den der Herr an uns tut und den auch wir einander leisten sollen.
- Zur Vertiefung der Verkündigung kann der Priester an Vertretern der Gemeinde die Fußwaschung vornehmen (vorgeschrieben nur in den Bischofskirchen).
- Ergreifend ist immer wieder, wenn nach der heiligen Messe der Leib des Herrn in einer schlichten Prozession auf den Seitenaltar übertragen wird, wo die Hostie für die stille Anbetung und die Kommunionspendung am Karfreitag aufbewahrt wird. Das Allerheiligste wird nur „übertragen“, Gott sei Dank, der Herr verlässt uns nicht!
- Schweigen der Glocken: Ab dem Gloria des Gründonnerstags schweigen Glocken und Orgel bis zur Osternacht. Stattdessen werden Ratschen (hölzerne Klapperinstrumente) in der Liturgie verwendet. Die Ministranten gehen mit ihren Ratschen auch zu Hauskreuzen und erinnern den Engel des Herrn mitzubeten.
- Sogenannte „Trauermetten“ finden in größeren Kirchen am Mittwoch, Donnerstag und Freitag statt. Dabei werden die erschütternden Klagelieder des Propheten Jeremia gesungen. Darin beweint die Kirche mit dem Propheten die Zerstörung Jerusalems, ihre Reue über die Sünden der Menschen und unendliches Leid darüber, weil sie den Tod des Herrn verursacht haben.
- Örtlich verschieden ist Gelegenheit zur Anbetung bis Karsamstagmittag.

Die Heiligen Öle für Taufe (weiß), Firmung (rot) und Krankensalbung (violett) werden bei der Ölweihmesse oder Chrisammesse am Gründonnerstag (auch schon am Mittwoch) im Dom zu Salzburg vom Erzbischof geweiht.

Hauskirche und Karwoche

Gründonnerstag – Einsetzung der Eucharistie

- Traditionelles Mittagessen mit Spinat und Kartoffel
- Die alte Osterkerze niederbrennen lassen bis auf einen Rest für Karfreitag.
- Die Liturgie des Gründonnerstags ist so reich, schön wäre eine Vorbereitung durch Vorauslesen mittels Sonntags-Messbuch (Schott).

Karfreitag – Leiden und Sterben unseres Herrn

Karfreitag ist der einzige Tag, an dem keine heilige Messe zelebriert wird. Am Nachmittag des Karfreitags versammelt sich die Pfarrgemeinde, wenn möglich in der Todesstunde des Herrn, um 15.00 Uhr, zur ernsten Liturgie, bestehend aus vier Teilen:

- Wortgottesdienst
- Großen Fürbitten
- Kreuzverehrung
- Kommunionfeier

Weitere Möglichkeiten der Kreuzverehrung

- Anbetung beim Heiligen Grab
- Gemeinsamer oder alleiniger Kreuzweg auf den Kalvarienberg
- Kreuzweg im Kolosseum – über Fernsehen dabei sein (21 Uhr)

Dieser ergreifendste Kreuzweg findet in Rom statt, eingeführt von Johannes Paul II. Joseph Kardinal Ratzinger hat 2005 die vielbeachteten Betrachtungen und Gebete geschrieben (Verlag Herder oder fe-Medienverlag, Kreuzeslob). Die Päpste setzen diese Tradition fort.

Die Stille des Karfreitags

Die ernste Liturgie dieses zentralen christlichen Feier- und Gedenktages helfe ihm persönlich, jedes Jahr ein wenig tiefer in das Geheimnis dieses Tages einzudringen. Ein zentrales Element sei dabei auch die Stille und der Verzicht auf „Sinnliches", selbst wenn dies sakrale Musik sei, „Wer den Glauben ernst nimmt, der kann und muss unterscheiden zwischen ‚Essentials' und ‚Optimales'. Die Stille am Karfreitag gehört nicht zu den Optimales, sondern zu den Essentials. Denn der Glaube und die Dinge des Glaubens sind Dinge, die mir helfen, mein Leben besser zu verstehen und das hat seinen Preis", so der Erzbischof Georg Gänswein, Rom.

Karfreitag und Hauskirche

- **Streng gebotener Fasttag:** Kein Fleisch und einmalige Sättigung
- Das Fasten schon am Vortag in der Familie ansprechen
- **Häusliche Liturgie:** Die Kinder dürfen zur Todesstunde Jesu die alte klein gewordene Osterkerze ausblasen. Mit entsprechender Katechese der dramatischen Ereignisse des Karfreitags in Jerusalem wird erlebt, wie das Licht der Welt erloschen ist.

Warum verehren wir das Kreuz?

Weshalb machen wir eine Kniebeuge vor dem Kreuz und küssen es? Was ist mit diesem Kreuz? Warum wird ausgerechnet dieses grausame Folterwerkzeug zum Erkennungszeichen des Christentums, obwohl es von Anfang an im Zentrum der Kritik stand? Weil das Kreuz unser Sieges- und Erkennungszeichen ist. Für die Christen aller Verfolgungszeiten bedeutet es Lebensgefahr und vielen brachte und bringt es Martyrium. Auch der Apostel Paulus sagte, dass das

Kreuz mit dem Gekreuzigten den Juden ein Ärgernis ist, den Heiden eine Torheit, den Berufenen aber, Juden wie Griechen, Christus, Gottes Kraft und Gottes Weisheit (1 Kor 1,23). Es gibt auch andere religiöse Symbole, die in ihrer unterschiedlichen Bedeutung weltweit verstanden werden, wie der siebenarmige Leuchter (Judentum) oder der Halbmond (Islam).

Das Kreuz ist unsere „Siegestrophäe“

Wir tragen das Kreuz als Zeichen des Sieges in Christus vor uns her, schmücken uns und bezeichnen uns damit. Wie ist das zu verstehen? In der Antike wurde am Wendepunkt der Schlacht („tropaion“, davon kommt Trophäe), an dem Ort also, wo die Feinde sich umdrehen und fliehen, aus den Waffen der Feinde ein Siegesmahl errichtet und diese Waffen dann im Siegeszug triumphierend vorangetragen. Das tun wir Christen mit dem Kreuz, der Waffe des Feindes, den Jesus durch die Liebe besiegt hat. Der Teufel greift Christus am Kreuz an über den appetitus irascibilis (Trieb zum Zorn), um ihm eine Regung des Hasses, der Rebellion, des Ungehorsams gegen Gott zu entlocken. Es gelingt ihm aber nicht: Jedes Wort, jede Geste Jesu am Kreuz ist Liebe. Durch des Teufels eigene Waffen hat Jesus den Teufel besiegt: Am Holz des Baumes im Paradies wurde die erste Sünde begangen, am Holz des Kreuzes wurde sie wieder gut gemacht. Am Marterpfahl des Kreuzes waren unzählige Verbrecher gehangen, dem Hass und der Herzenshärte der Menschen ausgesetzt. Christus hängt aus Liebe an diesem Kreuz und verwandelt es in eine Siegestrophäe über den alten Feind, den Teufel.

Dr. Martin Schlag, Rom

Der Karsamstag

Tag der Grabesruhe, man spürt nach dem „Erdbeben des Karfreitags“ gleichsam die Erschöpfung der Welt. Die Kirche weilt bis Mittag betrachtend am Grab Christi. Sie sinnt nach über das Geheimnis seines Leidens und Sterbens. Der Karsamstag endet mit der Abenddämmerung.

- Der Altar bleibt leer, keine Eucharistiefeier.
- Tag der Grabesruhe Jesu: Marter und Tod sind nun vorbei.
- Stiller, zumindest lärmarmer Tag, was Arbeiten und Veranstaltungen betrifft.
- Besuch des Heiligen Grabes und Anbetung.
- Eier färben, die wichtigste Farbe ist Rot. Königsfarbe.
- Gebildebrote für Ostern: Osterlamm, Krapfen, „Reindling“ u.a.m.
- Fasttag bis Mittag.
- Weihekorb vorbereiten: Ei, Fleisch, Salz, Kren, **Gebildebrot**▸ Wein, neue Osterkerze (mit Glasdeckel als Tropfenfänger), kleines Gefäß für neu geweihtes Taufwasser. Darüber wird eine sogenannte Weihekorbdecke gebreitet.
- Gemeinsamer Aufbruch zur Osternacht, meist nach einbrechender Dunkelheit.

Vorbereitung auf Osternacht und Ostersonntag, die selbstverständlich am Karsamstagnachmittag gemacht werden müssen, siehe im nächsten Kapitel.

10

Hochfest der Auferstehung unseres Herrn

Christus ist das neue, wahre Osterlamm. Er hat uns durch seinen Tod erlöst, Er ist auferstanden, Er lebt. Unser Glaube stützt sich auf das Zeugnis derer, die den Auferstandenen gesehen haben.

Ostern ist das älteste Fest der Christenheit

Im **Wort Ostern** deuten viele Forscher die Herkunft vom althochdeutschen „ostarum", weil die Auferstehungsberichte (Mt 28, 1; Mk 16, 2-9; Lk 24, 1; Joh 20, 1) von der „Morgenröte des beginnenden Tages" sprechen und die Sonne bekanntlich im Osten aufgeht, (Göttin Ostaria). Schade, dass wir nicht beibehalten haben, wie andere Sprachen auch, das Fest nicht Ostern, sondern Pas-cha, Paque usw. nennen In den ersten Jahrhunderten wurde Ostern in seiner ganzen Sinnfülle an einem einzigen Tag gefeiert: Leiden und Tod, Auferstehung, Erhöhung des Herrn und Tag der Geistsendung.

Termingeschichtlich:
Die Anstrengungen der jungen Kirche, den Ostertermin festzulegen, zeigen die Verwandtschaft mit dem jüdischen Hauptfest (Pessach-Fest, Pascha, sprich: Pas-cha) und gehen im Grunde von der jüdischen Berechnung aus. Die frühen Christen haben das Osterfest am 1. Sonntag nach dem 14. Nissan (Jüdischer Kalender), vornehmlich in der Nacht, gefeiert. Er gilt als Todestag Jesu, vgl. 1 Kor 5,7ff.

Das **Konzil von Nikäa** (325) entscheidet schließlich, dass Ostern am 1. Sonntag nach dem Frühlingsvollmond zu feiern sei, wobei der 21. März als Frühlingsanfang gilt.

Liturgiegeschichtlich:
Die Osternacht, „Mutter aller heiligen Vigilien", war bis Mitternacht von Trauer überschattet. Dann erst prägte die Freude über die Auferstehung des Herrn die Feier. Diese „Gesamtfeier" wurde im 4. Jhd. vom „heiligsten Triduum des gekreuzigten, begrabenen und auferweckten Herrn" abgelöst. Seitdem sind die „heiligen drei Tage", Gründonnerstag bis Ostersonntag, Höhepunkt des Kirchenjahres. Christi Himmel-

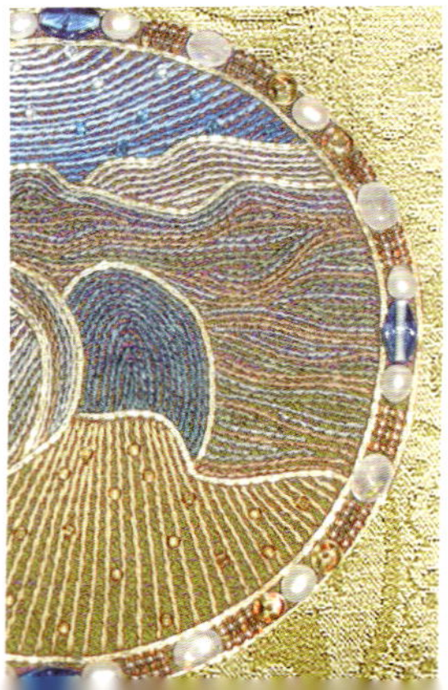

fahrt, als Erhöhung des Herrn wird in nachahmender Darstellungsform 40 Tage nach Ostern gefeiert und Pfingsten am 50. Tag schließt den Osterfestkreis ab.

Was glauben wir?

Die Kirche feiert das Mysterium der Auferstehung Christi. Das alte Pascha ist vorbei, das neue Pascha ist Christus, das wahre Osterlamm. Durch seinen Tod hat er uns erlöst aus der Knechtschaft der Sünde und in die wahre Freiheit der Kinder Gottes geführt. Die Liturgie ist die „große Lehrmeisterin im Glauben".

Ostern hat, wie andere Hochfeste auch, nicht bloß einen, sondern zwei Feiertage und dazu eine Oktav. Die Auferstehung Christi feiern wir in einer Vigil, einer Nachtwache. Das Fest hat eine Oktav und dauert acht Tage bis zum weißen Sonntag, heute auch Barmherzigkeitssonntag genannt. Der Osterfestkreis dauert sieben Wochen und schließt mit Pfingsten, dem fünfzigsten Tag, den Evangelienberichten gemäß mit der Geistsendung.

Hochfeste einem Sakrament zugeordnet

Ostern ist mit der Taufe verbunden. Die Kirche hat lange Zeit in der Osternacht die Erwachsenen getauft, in der Regel nach einem vorausgehenden Katechumenat. Die Täuflinge trugen dann bis zum weißen Sonntag ihre weißen Taufkleider. Der Ritus des „weißen Kleides" bei der Taufe ist auch heute beibehalten.

Ostern in der Hauskirche

Vorbereitung: Ob Ostern eine Zeit reicher Gnade wird, hängt auch von der Österlichen Bußzeit ab. Jedes Fest, schon jeder Sonntag, wird intensiver mit entsprechender Vorbereitung: Wir leben auf den Sonntag zu, bereiten uns vor, beginnen ihn am Samstagabend mit einer einfachen, rituellen Feier. Wir erwachen „sonntäglich" gestimmt und purzeln nicht in den Sonntag hinein. Der so gelebte Tag des Herrn strahlt in die Woche hinein.
Die Fastenzeit ist die beste Vorbereitung auf Ostern, innerlich wie äußerlich, persönlich und als Familie. Der Mensch braucht diese Erneuerung. Das aufgeräumte und festlich bereitete Haus stimmt den Menschen festlich. Nicht Gott, wohl aber der Mensch braucht auch diese Äußerlichkeiten!

Karsamstag – Nachmittag

Es beginnen die letzten Vorbereitungen auf Ostern:
- Festliche Bereitung von Haus und Wohnung
- Vorkochen für Osternacht und Ostersonntag
- Blühende Forsythien für den Familientisch mit ausgeblasenen Eiern
- Friedhofgang mit Osterlicht für das Familiengrab
- Osternester für Kinder werden vorbereitet
- Festliche Kleidung, der Mensch braucht das, um festlich gestimmt zu sein
- Weihekorb mit österlichen Speisen bereiten

Österlicher Hausaltar

- Festliche bereitet mit weißem Tuch
- Bändern der liturgischen Farben Weiß mit Gold.
- Blühende Forsythien oder Osterglocken.
- Taufkerzen der Familienangehörigen – Tauferneuerung in der Osternacht.

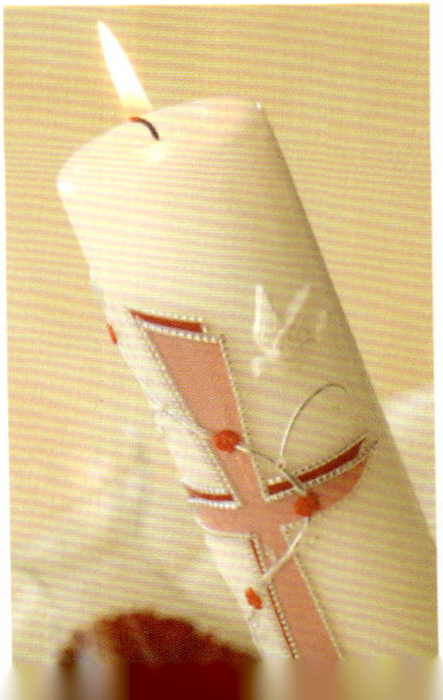

Aufbruch zur Osternacht

Gemeinsam aufbrechen zur „Auferstehungs-Liturgie“, gehen anstatt fahren, wenn möglich. Weihekorb mit den Speisen nicht vergessen. Vielleicht brennt schon dort und da auf den Bergen ein Osterfeuer.

Die Osterkerze

Sie ist Symbol des Auferstandenen, klassisch geschmückt mit dem Kreuz.

- *Christus, gestern und heute* (senkrechter Balken)
- *Anfang und Ende* (Querbalken)
- *Alpha* (erster griechischer Buchstabe – oben)
- *und Omega* (letzter griechischer Buchstabe – unten)
- *Sein ist die Zeit* (1. Ziffer)
- *und die Ewigkeit* (2. Ziffer)
- *Sein ist die Macht und Herrlichkeit* (3. Ziffer)
- *in alle Ewigkeit. Amen* (4. Ziffer)

In das Kreuz fügt der Priester fünf Weihrauchkörner ein, dabei spricht er:

- *Durch seine heiligen Wunden* (1)
- *die leuchten in Herrlichkeit* (2)
- *behüte uns* (3)
- *und bewahre uns* (4)
- *Christus, der Herr. Amen.* (5)

Dramaturgie der Osternacht

Die Liturgie der Osternacht ist überwältigend, in der Ostkirche dauert sie viele Stunden. Riten, Zeichen, Symbole der Liturgie sind geheimnisvoll und reich an Verkündigung.

Wir treten ein in die dunkle Kirche, draußen brennt das Feuer für die Osterkerze.

In das Mysterium führt uns das Tagesgebet
Lasset uns beten.
Gott, Deine uralten Wunder leuchten noch in unseren Tagen.
Was einst Dein mächtiger Arm an einem Volk getan hat,
das tust Du jetzt an allen Völkern.
Einst hast Du Israel aus der Knechtschaft des Pharao befreit
und durch die Fluten des Roten Meeres geführt.
Nun aber führst Du alle Völker durch das Wasser der Taufe zur Freiheit.
Gib, dass alle Menschen Kinder Abrahams werden
und zur Würde des Auserwählten Volkes gelangen.

Die Liturgie der Osternacht hat vier Elemente

1. Lichtfeier mit Segnung des Osterfeuers

Entzünden der Osterkerze am Osterfeuer, Einzug in die dunkle Kirche und Anstimmen des Osterjubels, des **Exultet** und des **Weihegebetes**:

Lasset uns beten!
Allmächtiger, ewiger Gott,
du hast durch Christus allen,
die an dich glauben,
das Licht deiner Herrlichkeit geschenkt.
Segne+ dieses Feuer, das die Nacht erhellt
und entflamme in uns die Sehnsucht nach dir, dem unvergänglichen Licht,
damit wir mit reinem Herzen
zum Osterfest gelangen.

■ **Die eigene Osterkerze,** am Osterfeuer entzündet, kommt später zum Hausaltar.
■ **Verkohlte Hölzer:** Begehrt sind nach Erlöschen des Osterfeuers die verkohlten Hölzer, die zunächst auf die Gräber der Angehörigen getragen und spätestens am Ostermontag in die Ecken der Felder eingegraben werden.
■ Die Auferstehung des Herrn soll der ganzen Natur verkündet und der Segen der Osternacht erbeten werden.

2. Wortgottesdienst

■ Welcher Jubel: Zum Gloria kommen die „Glocken aus Rom zurück".
■ Neun dramatische Lesungen, von denen leider nicht alle gelesen werden. Es lohnt, sie zu Hause im Voraus zu lesen und den roten Faden zu erkennen: Schöpfungsmorgen, Sündenfall, Entschluss Gottes zur Rettung, der lange Weg des auserwählten Volkes, das Kommen des Messias, Sein Leiden, Sterben und Auferstehen. Abschluss mit Römer 6, 3-11: Wisst ihr es nicht? Wir sind eine neue Schöpfung durch die Taufe.

3. Tauferneuerung

■ Weihe des Taufwassers
■ Evtl. Taufe
■ Erneuerung der eigenen Taufe
Wer innerlich vorbereitet ist, wird die Dimension der Erlösung besser erfassen

4. Eucharistiefeier

Der Auferstandene lädt nun die Getauften und die ganze Gemeinde zu seinem Gastmahl ein: Alle, die er durch seinen Tod und seine Auferstehung erlöst und geheiligt hat.

■ Der Heiland ist erstanden! Wunderbar und reich ist dieses Lied in allen Strophen.
■ Osterjubel braust auf, wenn wir dieses uralte Lied jedes Jahr zum ersten Mal singen.

Die Speisenweihe leitet über in die häusliche Feier. Hören wir das schöne Segensgebet:

Lasset uns beten.
Herr, du bist nach deiner Auferstehung
deinen Jüngern erschienen
und hast mit ihnen gegessen.
Du hast uns zu deinem Tisch geladen und
das Ostermahl mit uns gefeiert.
Segne + dieses Brot,
die Eier und das Fleisch und
sei auch beim österlichen Mahl in unseren
Häusern unter uns gegenwärtig.
Lass uns wachsen in der brüderlichen
Liebe und in der österlichen Freude und
versammle uns alle
zu deinem ewigen Ostermahl,
der du lebst und regierst von Ewigkeit zu
Ewigkeit. Amen

■ **Der österliche Gruß,** den sich die Gläubigen dann zusagen: „Frohe und gesegnete Ostern!"
■ **In der Ostkirche:** „Der Herr ist auferstanden!" Die Antwort: „Er ist wahrhaftig auferstanden!"

Überleitung zur häuslichen Feier

■ Heimtragen des Osterlichtes und Entzünden der Taufkerzen
■ Ostergruß auch in der Familie zusagen
■ Neu geweihtes Taufwasser anwenden
■ Rituelles Mahl mit den geweihten Speisen: Der Familientisch wird schon vor Aufbruch zur Osternachtfeier festlich gerichtet. Der (teilweise oder vollständige) Verzicht auf (einige) dieser Speisen geht voraus und reinigt den Geschmack.

Die Symbole werden angesagt, die Speisen geteilt und rituell verzehrt:

Ei
Zeichen des Lebens und der Geburt zum geistigen Leben als Kind Gottes. In der Taufe haben wir das Neue Leben empfangen, wir sind auf Christus, den Auferstandenen getauft. Das Ei steht auch für das Grab, aus dem Er herausstieg.

Fleisch
Zeichen der Kraft, wir haben es entbehrt in der Fastenzeit.
Der Auferstandene ist unsere Kraft und Stärke!

Salz
Ist ein Name für die Christen – Salz der Erde – zu sein. Wir sind durch die Taufe gerufen, Salz der Erde, Geschmack der Welt zu sein.

Kren
Ist Zeichen für die Bitterkräuter des Paschafestes: Zeichen des Auszugs aus Ägypten. Hinweis auf das bittere Leiden Jesu, für unsere Befreiung aus der Sünde.

Süßes Brot
Z.B. Osterlamm, Krapfen, Zeichen für die Süßigkeit, die das neue Leben in Christus hat.

Wein
Zeichen der Freude – Christus ist erstanden!

Taufwasser
Zeichen übernatürlichen Lebens: Wir sind getauft auf Tod und Auferstehung Jesu Christi (in Weihwasserkessel gefüllt).

Erst nach dem **rituellen Mahl** folgt das **sättigende Mahl.**

Älteste Osterzeichen und ihre Symbolik

- Osterlamm: Symbol für Christus, mit Osterfahne
- Osterkerze: Symbol für den Auferstandenen
- Rotes Osterei: Ei ist das Symbol neuen Lebens, Rot ist Königsfarbe

Andere österliche Gebildebrote

Das schönste Gebildebrot ist das Osterlamm. Andere Symbolbrote sind: Osterzopf, Osterkringel, Krapfen, Reindling, Osterfladen. Die kreisförmigen Gebäcke (meist Hefeteig) symbolisieren die Sonne und damit Christus als Licht der Welt, der durch Tod und Auferstehung die Menschen vom Dunkel ins Licht geführt hat. Der Zopf verweist auf die Verflochtenheit zwischen Gott und Mensch.

Der Ostermorgen

Alte und neue Bräuche ohne Vollständigkeit und ausführliche Interpretation:

- „Gang am frühen Morgen", um 5 Uhr, noch einmal auf den Kalvarienberg. Beim „leeren Grab" wird gesungen: „Der Heiland ist erstanden!"
- Abgestimmt dazu ist der Weckruf der Musikkapelle um 6 Uhr beim Grab. Dann zieht die Musikkapelle durch den Ort, schließlich von Haus zu Haus.
- Begrüßen des Ostermorgens in der Natur: Unser Großvater ging, begleitet vom ganzen Haus in den Garten, er klopfte an einen Obstbaum und kniete nieder, um das erste **Regina Coeli**▸ GL 2,8 zu singen.
- Selbst das Vieh im Stall sollte es erfahren: In meiner Kindheit bekam jedes Rind ein Stück Brot und ein Büscherl keimendes Korn.
- So wurde dem ganzen Haus sinnenreich verkündet: Der Herr ist auferstanden!"
- Gemeinsamer Kirchgang zum Hochamt.
- Festlichste Kleidung steht über Bequemlichkeit, der ganze Mensch feiert mit
- Gegenseitigen Ostergruß der Gläubigen: Frohe und gesegnete Ostern!
- Durch den päpstlichen Segen „Urbi et Orbi" um 12 Uhr sind wir über Satellit mit dem Papst und der Weltkirche verbunden.
- Wir empfangen den päpstlichen Segen und können einen Ablass erlangen.
- Familientreffen am Ostersonntag oder Ostermontag.
- Mancherorts Feierlicher Segen um 14 Uhr oder feierliche Vesper am Abend.
- Beginn der Barmherzigkeitsnovene auf den Weißen Sonntag hin.

Ein beliebter Brauch: Ostereier suchen...
Was wäre Ostern ohne die bunten Ostereier und den beliebten Brauch des Nesterlsuchens.

Der Ostersonntag und die Oktav-Woche

Das Mysterium der Auferstehung Christi und unserer Taufe soll leuchten.

- Ostern hat nicht nur einen zweiten Feiertag (Montag)
- Auch eine Oktav,: Ps 118 gilt die ganze Woche: „Dies ist der Tag, den der Herr gemacht".
- Hausaltar, Haus und Familie sollen österlich festlich bleiben, auch wenn uns der Alltag schon am Dienstag einholt. Man taucht doch immer wieder in diese Atmosphäre ein.
- Taufkerzen bleiben aufgestellt bis Weißer Sonntag, so kommen auch sie zur Geltung
- Abendliche Katechese über die Taufe anhand des Katechismus
- Stundengebet für Laien, wie das II. Vatikanische Konzil einlädt
- Weißer Sonntag oder Barmherzigkeitssonntag: Bis zu diesem Tag trugen die Neugetauften ihre Taufkleider.
- Abschluss der **Osteroktav**▸ und des kleinen Osterfestkreises.

Ostermontag

- Emmaus-Gang: In Österreich und Süddeutschland gibt es den Emmaus-Gang. Das ist ein Ausflug in die erwachende Natur, mit Gebet, Gesang oder einfach als besinnlicher Spaziergang in Erinnerung an den Gang der Jünger nach Emmaus, denen sich Jesus unerkannt anschließt (Lk 24, 13-29).
- Treffen und Besuchen von Verwandten, mit Osternestlsuchen

Großer Osterfestkreis bis Pfingsten

Das Ostermysterium wird fünfzig Tage oder sieben Wochen gefeiert. Die Tauferneuerung sollte an sonntäglichen Eucharistiefeiern gefeiert und im Alltag durchgetragen werden.

- Fortlaufende Lesungen aus der Apostelgeschichte
- Zeit für frohes Feiern mit Freunden, um Advent und Fastenzeit entlasten
- Ab Christi Himmelfahrt: Beginn mit der Pfingstnovene

Eigene Gebete und Sakramentalien der Osterzeit

- Stundengebet gebetet in den Familien
- **Regina Coeli** ▸ – Freu dich du Himmelskönigin, statt des Engel des Herrn

Der Wettersegen gehört zu den Sakramentalien
(KKK 1667-1668, 1670-1677)

Wetterkerzen kann man bestellen unter: www.gnadentipp.de

Wichtige Feste und Sakramentalien

Der Wettersegen ab 25. April, hl. Markus

Spätestens seit dem Hochwasser 2004, der Dürre 2005 und dem Schneewinter 2006, wird uns bewusst, dass der Wettersegen nicht nur dem Landwirt und seiner Ernte wichtig sein sollte, sondern uns allen. Deshalb sollte der Wettersegen neu belebt werden.

Vor allem in ländlichen Gemeinden wird vom Fest des hl. Markus (25. April) bis zum Fest Kreuzerhöhung (14. September) um das Gedeihen der Feldfrüchte gebetet. In der Sorge um das tägliche Brot für alle und als Ausdruck der gegenseitigen Fürbitte zur Bewahrung vor Dürre, Nässe, Frost, Hagel, Überschwemmung und allem, was die Erde verdirbt, sollte der Wettersegen in Stadt und Land gebetet werden:

Segensgebet:
Gott, der allmächtige Vater,
segne euch und schenke euch gedeihliches Wetter.
Er halte Blitz, Hagel und jedes Unheil von euch fern. Amen.
Er segne die Felder, die Gärten und den Wald
und schenke euch die Früchte der Erde. Amen.
Er begleite eure Arbeit
damit ihr in Dankbarkeit und Freude gebraucht,
was durch die Kräfte der Natur
und die Mühe des Menschen gewachsen ist. Amen.
Das gewähre euch der dreieinige Gott,
der Vater, der Sohn und der Heilige Geist. Amen.

Segnung mit dem Allerheiligsten

Es war der Hochwassersommer 2004. Der Regen hörte nicht mehr auf! Die Fluten der Salzach standen unmittelbar vor der Altstadt. Erzbischof Georg Eder machte sich bei strömendem Regen auf den Weg mit dem Allerheiligsten. Obwohl die Staatsbrücke schon gesperrt war, bestand er darauf auf die Brücke gehen zu dürfen. Der hagere kleine Erzbischof stand in der Mitte der Staatsbrücke, er holte das Allerheiligste aus seinem Rock und segnete die Fluten stromauf, stromab. Dann ging er nach Hause. Dort stellte er und mit ihm die ganze Stadt fest, dass es nach wochenlangem Regen einen ersten kleinen Sonnenstrahl gab und der Regen aufgehört hatte. Die Stadt Salzburg war von den Fluten verschont geblieben. Ein Wunder? Ja, ein Wunder! Darauf ging Erzbischof Georg Eder wallfahrten nach Maria Plain und dann in die Medien. Er sagte uns immer wieder: „Gottes große Taten muss man verkünden“.

Rezept für österliche Gebildebrote

- *Osterlamm (Biskuitteig und Form)*
- *Bauernkrapfen*

Germteig für diverse österliche Formen
Germ in Form eines Dampferls ansetzen: 2 dag Germ, 1 KL Zucker, 1 EL Mehl, 2 EL handwarme Milch. Ist das Dampferl aufgegangen, schüttet man 50 dag erwärmtes Mehl dazu. Dann fügt man die übrigen Zutaten bei: Salz, ¼ l Milch, 6 dag Zucker, 8 dag zerlassene Butter, 2 Dotter und schlägt den Teig gut ab. Der Teig wird an einen warmen Ort zum Gehen aufgestellt. Ist er doppelt aufgegangen, wird er weiter verarbeitet.

11
Maria, Mai und Kirchenjahr

Maria, die Mutter Gottes, hat der Welt das wahre Licht gebracht, Jesus ihren Sohn, Gottes Sohn. Sie hat sich ganz dem Ruf Gottes überantwortet und ist so zum Quell der Güte geworden. „Bei ihr wird alles recht!“ hat Erzbischof G. Eder immer bezeugt.

Maria in der Heilsgeschichte

Von Anfang der Kirche und durch alle Jahrhunderte wird Maria mit vielen Titeln verehrt. Das II. Vatikanische Konzil lässt seine Kirchenkonstitution in eine Mariologie gipfeln: „Zeichen der sicheren Hoffnung und des Trostes für das wandernde Gottesvolk“. Weitere Entfaltung der Mariologie: „Wie die Mutter Jesu schon im Himmel mit Leib und Seele verherrlicht, Bild und Anbeginn der in der kommenden Weltzeit zu vollendenden Kirche ist, so leuchtet sie auch hier auf Erden in der Zwischenzeit bis zur Ankunft des Tages des Herrn“

Konstitution über die Kirche, V, 68.

Das Marianische Prinzip in der Heilsgeschichte

„Ohne Mariologie droht das Christentum unter der Hand unmenschlich zu werden. Die Kirche wird funktionalistisch, ohne Seele, ein hektischer Betrieb ohne Ruhepunkt, in lauter Verplanung hinein verfremdet. Und weil in dieser mann-männlichen Welt nur immer neue Ideologien einander ablösen, wird alles polemisch, kritisch, bitter, humorlos und schließlich langweilig und die Menschen laufen in Massen aus einer solchen Kirche davon. Am Kreuz hat der Sohn seine Mutter in die Kirche der Apostel hinein verfügt, dort ist fortan ihr Platz. Verborgen durchwaltet ihre jungfräuliche Mütterlichkeit den ganzen Raum, verleiht ihm das Lichte, Wärmende, Bergende. Ihr Mantel macht die Kirche zum Schutzmantel. Die Kirche war schon da, ehe die Männer ins Amt gesetzt wurden.“

Aus: Klarstellungen, Hans. U. v. Balthasar

Marienverehrung in der Geschichte

Die Verehrung Marias hat ihren Ursprung im Neuen Testament. Die Urkirche wusste sich im Gebet verbunden und konnte mit Maria sprechen: „Der Mächtige hat Großes an mir getan", Lk 1,46-55. Es erfüllte sich die Verheißung: „Von nun an preisen mich selig alle Geschlechter" (Lk 1, 48).
In der mittelalterlichen Frömmigkeit erhielt Maria als Mutter der Barmherzigkeit eine herausragende Stellung im christlichen Fürbittgebet. In der Barockzeit erreichte die Marienfrömmigkeit eine Hochblüte. Die „Maiandacht" hat hier wesentlich ihr Vorbild. Nachweislich hielt der Orden der Kamillianer erstmals 1784 im Klosterkirchlein Ferrara unter großer Beteiligung der Gläubigen allabendliche Maiandachten. In Deutschland wurde die erste Maiandacht 1841 im Kloster der Guten Hirtinnen in München gehalten. Mit großer Begeisterung schallten bald warme, herzhafte Lieder und Hymnen an die Mutter Gottes durch ganz Deutschland. Die Maiandacht hat sich zur bedeutendsten Spiritualität im „marianischen Jahrhundert" entwickelt.

Die zwei Dogmen

- Unbefleckte Empfängnis Marias am 8. Dezember 1854 durch Papst Pius XI. und
- Maria Aufnahme in den Himmel mit Leib und Seele am 1. November 1950 durch Pius XII. waren weitere marianische Höhepunkte.

Im Apostolischen Mahnschreiben „Marialis cultus" vom 2. Februar 1974 hat Papst Paul VI. allerdings auf Fehlformen hingewiesen und angemahnt, „die bisher gebräuchlichen Andachten zur Verehrung der seligen Jungfrau mit Umsicht zu erneuern".
Die beim II. Vatikanischen Konzil aufgezeigte Gesamtperspektive der Mariologie, wie auch die gewachsene und sich verstärkende Sensibilität für den rechten Zusammenklang von marianischer und eucharistischer Frömmigkeit, haben der Maiandacht neue Impulse gegeben.

Gesunde Mariologie ist Christo-zentrisch

Das stellt Papst Johannes Paul II. wiederholt und endgültig klar. Er selbst hat sich von Anfang an der Gottesmutter geweiht: **Totus Tuus** ist sein Wappenspruch, gedeckt mit dem Leben. Er schenkt uns durch sein persönliches Beispiel und durch zahlreiche Apostolische Äußerungen, wie Mulieris Dignitatem 1988, durch zahllose Ansprachen, durch das Geschenk des „Lichtreichen Rosenkranzes" 2002 und das Apostolische Schreiben Rosarium Virginis Mariae 2002, eine Vertiefung der marianischen Spiritualität.

Was genau ist ein Dogma?

Dogmen sind Wahrheiten des Glaubens, die die Kirche immer schon geglaubt hat. Diese Wahrheiten werden vom Lehramt der Kirche als verpflichtend zu glauben erklärt, wenn die Gefahr besteht, dass sie allgemein nicht mehr geglaubt werden.

Katechismus der kath. Kirche Nr. 90, 94, 89, 234

Was sind Hochfeste?

Hochfeste sind kirchlich gebotene Feiertage. Die Katholiken sind verpflichtet, diese Tage wie Sonntage zu feiern. In der Eucharistie hören sie das Wort Gottes und die Auslegung der Kirche und erfahren so immer wieder die zu glaubenden Wahrheiten.

Marianische Hochfeste, Feste und Gedenken

- **1. Jänner:** Hochfest der Gottesmutter Maria
- **2. Februar:** Darstellung des Herrn, Maria Lichtmess
- **11. Februar:** Gedenktag Unserer Lieben Frau von Lourd
- **25. März:** Hochfest der Verkündigung des Herrn
- **Samstag nach 2. Sonntag nach Pfingsten:** Unbeflecktes Herz Maria
- **13. Mai:** Unserer Lieben Frau von Fatima
- **2. Juli:** Maria Heimsuchung, Maria besucht Elisabeth
- **16. Juli:** Unsere Liebe Frau auf dem Berg Karmel
- **15. August, Hochfest:** Aufnahme Marias in den Himmel mit Leib und Seele
- **22. August:** Maria Königin
- **2. September:** Maria Namen
- **8. September:** Maria Geburt
- **15. September:** Gedächtnis der Schmerzen Marias
- **7. Oktober:** Unsere Liebe Frau vom Rosenkranz
- **21. November:** Unsere Liebe Frau von Jerusalem
- **8. Dezember:** Hochfest der Ohne Erbsünde empfangenen Jungfrau und Gottesmutter Maria

Marianische Spiritualität und Traditionen

- 8. Dezember, Rom: Der Papst und die Stadt Rom bringen Blumen zur Mariensäule auf der Piazza Espagna. Teilnahme am Fernsehen und Nachahmung in unserer Kirche.
- Maria wird seit den Zeiten der Apostel als Mutter der Kirche mit besonderer Liebe verehrt und besonderem Vertrauen angerufen.
- Jeder Samstag ist ihrer besonderen Verehrung geweiht, weil sie am Samstag vor Pfingsten das letzte Mal in der Heiligen Schrift erwähnt wird. Auch die anderen Wochentage sind Glaubensgeheimnissen oder Heiligen zugedacht.
- Maria ist auch Mutter der Hauskirche: Wir rufen sie an als Mutter, Erzieherin, Vorbild und mit dem Hl. Papst Johannes Paul II. auch als Königin der Familie.
- Mariensamstage: Der je erste Samstag im Monat mit Besuch der Hl. Messe.
- Fatimatag: Der „13." der Monate Mai bis Oktober, es gibt viele Wallfahrten.
- Maiandachten: „Rosenkranz beten" ist ihre wiederholte Bitte in Fatima 1917.
- Der Rosenkranzmonat Oktober: Wir beten täglich den Rosenkranz.

Der Rosenkranz – Merkmal des Katholiken

Der Rosenkranz soll das regelmäßige Gebet der gläubigen Familie sein, im Oktober täglich. Ihren Kindern schenken die Eltern zu gegebener Zeit, z. B. zur Erstbeichte, einen schönen und geweihten Rosenkranz, an dem das Kind auch später noch seine Freude haben kann. Der Katholik trägt den Rosenkranz immer bei sich, auch unterwegs. Noch im Tod hält er diesen Begleiter in seinen erstarrten Händen und nimmt ihn mit ins Grab.

Maria und die Hauskirche

Die Verehrung Unserer Lieben Frau ist Herzenssache jeder christlichen Familie. Ihrem Schutz vertrauen Väter und Mütter von Anfang die Erziehung ihrer Kinder und den Glauben an. Hier einige schöne Anregungen und Empfehlungen:

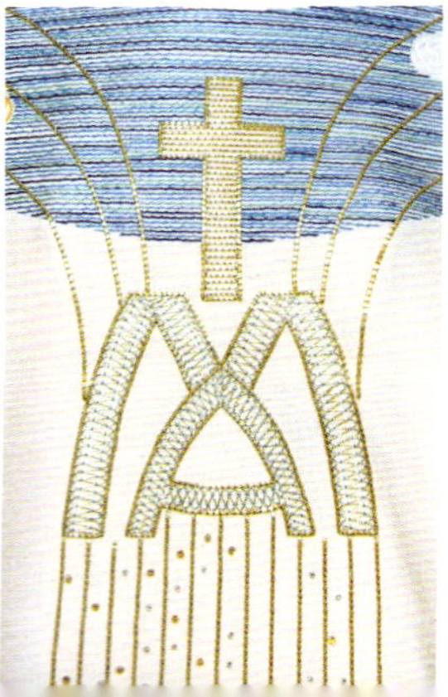

- Weihe: Bei der Taufe die Kinder vor ein Marienbild bringen, Rotes GL 48/7

- Allen Kindern, auch den Buben, als zweiten Namen Maria geben
- Erziehung zur täglichen Hingabe an Maria: O meine Herrin, meine Mutter
- Auf Weihe vorbereiten, sie leben und erneuern
- Geweihte Medaille der Mutter Gottes am Halsketterl tragen
- Pflege des Rosenkranzgebetes
- Geweihten Rosenkranz immer bei sich tragen
- Wallfahrten im Mai, Oktober und ihren Hochfesten
- Schmücken des Maialtares mit Blumen
- Bild oder Statue krönen: „Maria, Königin der Familie“, sagt Johannes Paul II.
- Maiandachten in den verschiedenen Kapellen der Pfarrgemeinde besuchen. Vielleicht lässt es sich zu Fuß, auch mit Freunden hinpilgern, mit gemütlichem Ausklang.

Hausaltar im Mai

- Liturgische Farben sind Weiß und Blau
- Blumen für Hausaltar und Tisch: Flieder oder Maiglöckchen
- Geeignete Bücher für Marienlob und Maiandachten besitzen
- Bedeutung der vielen Namen der Lauretanischen Litanei kennen

Marianische Stoßgebete

O meine Herrin, o meine Mutter, gedenke,
dass ich dein bin!
Bewahre und beschütze mich wie dein
Gut und Eigentum.
O Maria, ohne Sünde empfangen, bitte
für uns, die wir zu dir unsere Zuflucht
nehmen.
Maria mit dem Kinde lieb, uns allen
deinen Segen gib.

Predigt zur Weihe an Maria von Erzbischof Georg Eder im Anhang.

Maria, Muttertag und Berufung der Frau
„Alles was ich habe, habe ich von der
Mutter“ *Hl. Augustinus über seine Mutter Monika*

Schönes Gebet, Geschenk von Papst Benedikt XVI.

Heilige Maria, Mutter Gottes.
Du hast der Welt das wahre Licht ge-
schenkt: Jesus, deinen Sohn, Gottes Sohn.
Du hast dich ganz dem Ruf Gottes über-
antwortet und bist so zum Quell der Güte
geworden,die aus ihm strömt.
Zeige uns Jesus, führe uns zu ihm.
Lehre uns ihn kennen und lieben,
damit auch wir selbst wahrhaft Liebende
und Quelle lebendigen Wassers werden
inmitten einer dürstenden Welt.
Amen.

Haus Mariens in Ephesus

Papst Benedikt XVI. besuchte am 29. November 2006 eines der faszinierendsten Heiligtümer der Türkei, das Haus, in dem die Gottesmutter Maria mit dem Apostel Johannes gelebt haben soll. Seine Verehrung geht auf die Visionen der deutschen Mystikerin und stigmatisierten Nonne Anna Katherina Emmerick zurück, die so präzise beschrieb, dass es die französischen Lazaristenpatres tatsächlich wiederfanden. Heute ist das Haus Mariens für Christen und Moslem gleichermaßen ein Wallfahrtsort, eine Stätte der Begegnung und des Dialogs, wie es die Türkei so dringend braucht.

DT 28. 11. 2006, S. 9.

12
Hochfest Pfingsten – Abschluss des Osterfestkreises

Pfingsten ist Höhepunkt und feierlicher Abschluss des Osterfestkreises. Der zum Vater heimgekehrte Herr – Hochfest Christi Himmelfahrt – sendet uns, wie verheißen, den Heiligen Geist.

Pfingsten im Kirchenjahr

Pfingsten ist nach Ostern und Weihnachten das drittgrößte Fest im Kirchenjahr. Ein allgemeines Brauchtum zum Fest wurde verwunderlicher Weise nicht ausgebildet, was bei der theologisch hohen Bedeutung der Pfingstereignisse erstaunlich ist. Das Volk hat offensichtlich die Theologie von Pfingsten und Heiligem Geist mehr in Meisterwerken von Liedern und Gebeten auszudrücken verstanden. Die alte Sequenz von Pfingsten und manche Hymnen zum Heiligen Geist gehen uns auch heute zu Herzen. So ist Pfingsten eher das „liebliche Fest" geblieben, ein Auftakt zum Sommer und den sogenannten „Grünen Sonntagen". Wir wollen das Mysterium von Pfingsten betrachten, um sinnvolle Bräuche für die häusliche Feier zu entdecken und gegebenenfalls neue zu schaffen. Zwei wichtige Feste vor Pfingsten wollen wir im nächsten Kapitel betrachten.

Pfingsten und Entfaltung des Kirchenjahres

In Jerusalem wurden in frühchristlicher Zeit die Ereignisse rund um Pfingsten an einem einzigen Sonntag gefeiert: Christi Himmelfahrt am Vormittag und Pfingsten am Nachmittag. Heute feiern wir Christi Himmelfahrt zehn Tage vor Pfingsten, damit beginnt die **Novene**▸ zum Heiligen Geist. Das Hochfest zu Ehren der Heiligsten Dreifaltigkeit, eines der größten Glaubensmysterien, feiern wir eine Woche nach Pfingsten. Hier sehen wir ein gutes Beispiel von wunderbarer Entfaltung des Kirchenjahres.

> *Der jüdische Kalender feiert Schawuot, eines der drei großen Wallfahrtsfeste. Schawuot bedeutet „Wochen", denn sieben Wochen nach Pascha wird Erntedank gefeiert zum Abschluss der Weizenernte, Bundesschluss und Gesetzgebung auf dem Sinai.* *Tob 2,1; 1 Makk 12,32*

Pfingsten ist die Bestätigung von Ostern, Vollendung und Neue Zeit. Sieben Wochen lang hören wir die Lesungen aus der Apostelgeschichte in ih-

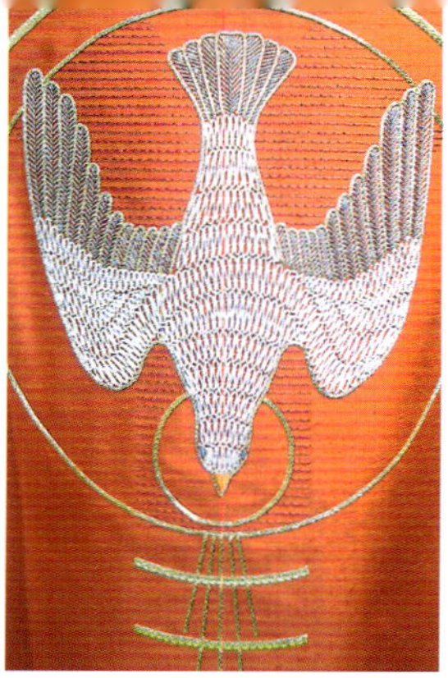

rer ganzen Dramatik. Sie berichtet von der Ausbreitung der jungen Kirche. „Schreibt die Apostelgeschichte weiter durch euer Leben!“, sagte Papst Benedikt XVI. bei seinem Besuch in Mariazell 2007 den neugewählten Pfarrgemeinderäten. Das gilt nicht nur den Pfarrgemeinderäten, sondern uns allen! Europa bedarf dringend einer zweiten Apostelgeschichte, einer Neuen Evangelisierung!

„Rom“ ist der eigentliche Name für „Katholizität“

Die Kirche hat mit dem Kommen des Hl. Geistes ihren feierlichen Anfang genommen. In diesem außerordentlichen Ereignis finden sich die wesentlichen Merkmale der Kirche:

- *Die Kirche ist eine, wie die Gemeinschaft von Pfingsten, die einmütig im Gebet versammelt war, ein Herz und eine Seele (Apg 4, 32).*
- *Die Kirche ist heilig, nicht aufgrund ihrer Verdienste, sondern weil sie, bewegt durch den Heiligen Geist, ihren Blick fest auf Christus richtet, um ihm und seiner Liebe gleich zu werden.*

- *Die Kirche ist katholisch, weil das Evangelium für alle Völker bestimmt ist und der Heilige Geist aus diesem Grund schon von Anfang an dafür sorgt, dass sie in allen Sprachen redet.*
- *Die Kirche ist apostolisch, da sie auf dem Fundament der Apostel errichtet*

ist und ihre Lehre durch die ununterbrochene Reihe der apostolischen Nachfolger treu bewahrt. Die Kirche ist von ihrer Natur her missionarisch, denn vom Tag des Pfingstereignisses an drängt der Heilige Geist sie unaufhörlich auf die Straßen der Welt hinaus, bis zum äußersten Ende der Erde und bis ans Ende der Zeiten.

Diese Wirklichkeit, die wir in allen Zeiten beobachten können, ist in der Apostelgeschichte bereits in gewisser Weise vorweggenommen, wo der Übergang des Evangeliums von den Juden zu den Heiden, von Jerusalem nach Rom beschrieben wird. Rom zeigt die Welt der Heiden und somit alle Völker, die nicht zum alten Volk Gottes gehören. In der Tat, die Apostelgeschichte wird mit der Ankunft des Evangeliums in Rom abgeschlossen. Man kann also sagen, dass Rom der konkrete Name der Katholizität und der Missionstätigkeit ist, und die Treue zu den Ursprüngen, zur Kirche aller Zeiten, zum Ausdruck bringt. Zu einer Kirche, die in allen Sprachen redet und allen Kulturen entgegengeht“.

Ansprache Benedikt XVI., 27. Mai 2007

Pfingsten, ein dreifaches Fest

■ Fest des Heiligen Geistes, der „am Pfingsttag als ein Gott in drei Personen geoffenbart wird“ (KKK 687 ff; 732 ff). Das Dreifaltigkeitsfest feiern wir am Sonntag nach Pfingsten.

■ Fest der Offenbarwerdung der Kirche: Am 50. Tag nach der Auferstehung Jesu war die Urgemeinde von Jerusalem mit Maria, der Mutter Jesu versammelt (Apg 1, 14), als der Heilige Geist sichtbar auf jeden Einzelnen herabkam (Apg 1, 4-5; 1,5; 2, 1-3).

■ Fest der Firmung und Erneuerung. Firmung kommt von firmare, das heißt Stärkung. Manche Hochfeste lassen sich einem Sakrament zuordnen, die Firmung gehört zu Pfingsten: „Sei versiegelt mit der Gabe Gottes, dem Heiligen Geist“ (KKK 1285 ff).

Pfingsten in der Hauskirche

■ 10 Tage vor Pfingsten feiern wir das Hochfest Christi Himmelfahrt. Das Osterbild im Wechselrahmen wird ersetzt mit Christi Himmelfahrt. Der Buchsbaum der Osterkerze, ihr besonderer Schmuck in der Osternacht, wird abgenommen.

■ Am nächsten Tag beginnt die Novene zum Heiligen Geist. Novene heißt „neun“ und hat ihr Vorbild im neuntägigen Gebet der Jünger im Abendmahlsaal, die betend auf die Geistsendung warteten.

■ Die Novene begleiten neun rote Kerzen für die sieben Gaben des Heiligen Geistes. Das dazugehörige Kerzenbrett lässt sich auch leicht selbst machen. Als ich dann einmal zufällig einen neunarmigen Kerzenständer gefunden habe, war ich sehr erfreut.

■ Katechese mit Katechismus (KKK), Kompendium, Religionsbuch Glaube und Leben.

■ Pfingstliche Novene: Bitte um den Heiliger Geist, Erneuerung der Firmung und Kirche.

■ Passende Gebete: Hymnus zum Heiligen Geist, Lieder, Litanei oder Rosenkranz, Laudes und Vesper des Stundengebetes

■ Gute Beichte im Hinblick auf Empfang oder Erneuerung der Heiligen Firmung.

■ Einkauf, Friseur, Putz usw. nicht auf den letzten Moment warten.

Letzte Vorbereitungen

■ Einkauf und Vorbereitungen für ein besonders festliches Mahl.

■ Bis Mittag des Vortages fasten, sinnvolle Empfehlung der Kirche.

■ Tischschmuck: Birkenzweige (Brautschleier) mit „Pfingstzungen-Mobile“ aus rotem Buntpapier. Darauf geschrieben Name, Ort und Datum der gefirmten Familienglieder. Für „noch-nicht-Gefirmte“ hängen die unbeschrifteten Pfingstzungen, die an ihrem Firmtag feierlich mit dem Namen versehen werden.

■ Das „Birken-Liebsträußl“ galt als Symbol für Verliebte, Verlobte und hoffentlich immer noch geliebte Gattinnen. Eine gute Alternative zum Valentin: Als Strauß überreicht oder als Bäumchen vor das Haus.

■ Gebildebrote: „Flammen“ oder „Tauben“ Rezept am Kapitelende.

Pfingstlicher Altar

■ Farbe Rot: Feuer des Geistes, Blut der Bekenner Liebe zu Gott und den Menschen.

■ Schönes Pfingstbild in den Wechselrahmen, es gibt so schöne!

■ Pfingstrosen oder andere rote Blumen.

■ Pfingsttaube über dem Kreuz anbringen.

Alte, sinnvolle, liebe Tradition

Weil der Heilige Geist die Liebe zwischen Vater und Sohn ist, hängten manche Familien analog ihrer elterlichen Liebe die Heilig-Geist-Taube über die Wiege ihrer Neugeborenen.

Vorabend vor Pfingsten

Alles ist bereitet und die Familie festlich versammelt.

- Pfingsten beginnt, wie alle Hochfeste mit einer Vigil
- Eltern nehmen ihr Priestertum wahr, indem sie das Gebet leiten und Katechese geben. Es gibt verschiedene Möglichkeiten:
- Abend einleiten ähnlich den Juden mit der Frage: Was feiern wir zu Pfingsten?
- Der Vater liest die Ereignisse des Pfingstfestes aus der Apostelgeschichte vor
- Gemeinsame Vesper aus dem Stundengebet der Kirche
- Heilig-Geist-Hymnus und Entzünden aller neun roten Kerzen
- Rosenkranzgesätz: Jesus, der uns den Heiligen Geist gesandt hat
- Gemeinsames Gebet zur Firmerneuerung, Rotes Gotteslob 51.
- Hören der Lesungen des Hochfestes
- Beten der wunderbaren Tagesgebete des Pfingstsonntags:

Gott, unser Herr
Du hast das österliche Geheimnis
Im Geschehen des Pfingsttages vollendet
Und Menschen aus allen Völkern das Heil offenbart.
Vereine im Heiligen Geist
Die Menschen aller Sprachen und Nationen
Zum Bekenntnis deines Namens.
Darum bitten wir durch Christus, unsern Herrn. Amen.

Pfingstsonntag

- Persönlicher Pfingstgruß in Familie und Pfarrei: Frohe, gesegnete Pfingsten!
- Festliche Kleidung, die nicht Gott, wohl aber der Mensch braucht!
- Gemeinsamer Kirchgang
- Firmerneuerung, Gebet dazu siehe Rotes GL 52, 5
- Festtägliches Essen möglichst vorbereitet
- Familientag: Besuch bei Verwandten, Freunden
- Pfingstliches Singen, Musizieren in der Familie
- Am Abend Vesper oder Maiandacht
- Mit Rom verbunden den Apostolischen Segen über TV empfangen
- Pfingstwallfahrten, z.B. Paris - Chartres; Salzburg - Altötting; Mariazell usw

Pfingstmontag – Ausklang

- Pfingsten hat zwei Feiertage – besonderes Geschenk der Kirche
- Gemeinsam besuchte Eucharistie ist Ehrensache der christlichen Familie
- Pfingsten hat keine Oktav, die Grünen Sonntage nehmen ihren Lauf
- Die Osterkerze steht nun abseits
- Das Regina Coeli der Osterzeit wird ersetzt durch den Engel des Herrn

Pfingsten bedeutet „50“

Pfingsten heißt griechisch Pentecoste, das bedeutet 50 (siehe auch Pentagramm und Pentagon). Die Zahl 50 enthält die Zahl 7 in Potenz: 7x7 = 49, das ist der Samstag vor Pfingsten plus 1 = 50, das ist Pfingsten. Die Zahl 7 steht für irdische Vollendung: 7-mal 7 ist Potenz der irdischen Vollendung. 50 steht für Neuheit, überirdische Vollendung Was ist das Neue? Die Zeit der Kirche, der Neue Bund, der den Alten vollendet.
Zahlen und Zahlenverhältnisse spielen eine wichtige Rolle in der Bibel und der christlichen Symbolik: Die heilige Zahl sieben ist die Summe von drei = Gott in drei Personen und vier = Welt (Elemente und Himmelsrichtungen). Beispiele für die heilige Zahlt 7: Am 7. Tag ruhte Gott; Siebenarmiger Leuchter; 7 Gaben des Heiligen Geistes; 7 Sakramente; 7 Werke der Barmherzigkeit; 7 Leuchter vor Gottes Thron; 7 Schalen des Zornes; Buch mit 7 Siegeln; 7 Tugenden und Laster; 7 Freuden und 7 Schmerzen Marias.

Siehe Lexikon Christliche Kunst

Gebildebrote

Germgebäck: Tauben oder Flammen
30 dag Mehl, 1/8 l Milch, 2 dag Germ, 5 dag Zucker, 2 Dotter, 1 Ei, 6 dag Butter, Salz, Zitronenschale, Vanille, Hagelzucker. Aus den Zutaten einen Germteig bereiten und an einem warmen Ort gehen lassen, Tauben oder Flammen formen, nochmals gehen lassen, mit Ei bestreichen und mit Hagelzucker bestreuen.

Italienische Colomba – Pfingsttaube zu Ostern?

Panettoneteig, Backform und Geschichte im Internet: Erfinder ist Signor Tino Villani. Fa. Motta, Milano. Schnell entstanden Legenden: Ein langobardischer König habe sie nach der Belagerung Pavias als Friedenszeichen überreicht.
Eine andere Legende bringt die Ostertaube mit dem irischen Abt Kolumban und der Königin Theolinde in Verbindung. Ich finde es einfach toll, Ostern so pfingstlich zu feiern. Gehören der Auferstandene und der Tröstergeist, den er sendet, nicht zusammen wie das Alpha und Omega der Osterkerze? Ja, die Colomba hat das Zeug zu einer frühchristlichen Süßigkeit und stammt doch aus dem 20. Jhd.

13
Vier Hochfeste umrahmen Pfingsten

Nein, auch mit Pfingsten ist das Kirchenjahr nicht zu Ende und es gibt zu glauben, zu leben und feiern. Vier Hochfeste umrahmen Pfingsten und gehen in den Hochsommer über. Eines der beliebtesten Feste für viele, sogar Fernstehende, ist das Fest Fronleichnam.

Christi Himmelfahrt

Zehn Tage vor Pfingsten feiern wir das Hochfest Christi Himmelfahrt. Gott sei Lob und Dank: ER ist zwar von der Erde weg, ER bleibt aber anwesend in seiner Kirche und durch sie in der Welt, für die Welt. Das Volk Gottes weiß IHN in ihrer Mitte gegenwärtig, den Herrn, zu dem es ruft: Herr erbarme dich unser! Christus ist beim Vater als unser Hohepriester und Fürbitter. Unsere Natur ist hineingenommen in die große Lebensbewegung des dreifaltigen Gottes.

Sinnfällige Traditionen

- Die Statue des Auferstandenen wird vom Priester nach dem Evangelium weggetragen oder hochgezogen. ER „entschwebt" quasi vor den Augen der Gläubigen. Gemäß dem Eröffnungspsalm der Liturgie: „Ihr Männer von Galiläa, was steht ihr da und schaut zum Himmel? Der Herr wird wiederkommen, wie er jetzt aufgefahren ist" Apg 1,11.
- Hausaltar **Wechselrahmen**▸: Schönes Bild von Christi Himmelfahrt.
- Eigenes Rosenkranz Gesätz: Jesus, der in den Himmel aufgefahren ist.
- Beginn der Pfingstnovene: Wir beten neun Tage um den Heiligen Geist.
- Die Novene wird sinnenfällig unterstützt mit den neun roten Kerzen.
- So sind wir am Pfingstsonntag vorbereitet für die Erneuerung der Firmung.

Dreifaltigkeitsfest – Sonntag nach Pfingsten

Die Dreifaltigkeit Gottes – Ein Gott in drei Personen – ist das größte Mysterium unseres Glaubens. Dieses Glaubensgeheimnis übersteigt unseren Verstand: Wir glauben das Dogma, weil die Kirche es zu glauben vorgibt, nicht, weil wir es etwa verstanden hätten.

Riten, Katechese, Bräuche

- Die Dreifaltigkeit Gottes, innigste Liebesgemeinschaft, ist Abbild der menschlichen Liebesgemeinschaft, der Familie
- Deshalb eignet sich der Dreifaltigkeitssonntag für ein Fest der Familien oder einer
- Wallfahrt zu einer Dreifaltigkeitskirche z. B. Sonntagberg oder Stadl Paura
- Eigener Hymnus für den Dreifaltigkeitssonntag: Herr ich glaube, weißes GL 848
- Festlicher Hausaltar mit Dreifaltigkeitsbild im Wechselrahmen

Fronleichnam – Hochfest des Leibes und Blutes Christi

Zehn Tage nach Pfingsten feiern wir ein Hochfest von großer Bedeutung und wunderbarer Liturgie: Fronleichnam, das Geschenk der Eucharistie. Lob und Dank für die bleibende Gegenwart des Herrn in der Hostie, in der Monstranz. Dieses Fest heißt auch Prangtag, weil der ganze Ort „prangt", feiert, glänzt in unbeschreiblicher Freude. Es ist ein Fest mit allem Glanz, den Kirche und Gesellschaft aufzubieten haben, weshalb auch Musikkapelle und alle Vereine eines Ortes aufgeboten werden. Ihre Fahnen sind geschmückt, die Verneigungen der Fahnen vor der Monstranz, Böller und Glockengeläut, alles ist tief bewegend: Ein Staunen hat Natur und Mensch erfasst! Größe, Bedeutung und offizieller Charakter verlangen eine gewissenhafte Vorbereitung.

Vor dem Tod am Kreuz machte Christus sein Testament. Wir wollen seinen Anruf erfüllen: „Tut dies zu meinem Gedächtnis". Wir feiern das Sakrament der Liebe Gottes.

Schöne Bräuche und Traditionen

- Hausaltar: Ein mit Ornamenten der Eucharistie besticktes Tuch
- Kinder fragen und Erwachsene antworten lassen: Was feiern wir morgen?
- Zur Einstimmung: Am Vorabend die Vesper beten
- Lichtreicher Rosenkranz: Jesus, der uns die Eucharistie geschenkt hat

Auf zur Fronleichnamsprozession

- Schmücken des Prozessionsweges mit Blumen. Birken, Kirchenfähnchen, Bildern oder Tüchern zum Eucharistie-Mysterium
- Ebenso Haus- und Feldkreuze, auch wenn die Prozession nicht vorbei geht
- Blumen zum Ausstreuen entlang des Prozessionsweges vorbereiten
- Festtrachten: Nicht Gott braucht diese Äußerlichkeiten, wohl aber der Mensch, deshalb sollen wir uns die Freude nicht nehmen lassen am ganzen festlichen Aufwand.
- Bei der Prozession mitgehen in festlicher Schar und mitbeten und mitsingen, vielleicht in Gemeinschaft mehrerer Familien. Eigentlich ist ein Dieb, wer sich dispensiert, schließlich schenkt uns die Kirche (in Österreich jedenfalls) diesen freien Tag.
- Den Rosenkranz als Zeichen des Bekenntnisses sichtbar mittragen.
- Birkenzweig heimbringen und aufstecken: Er ist gesegnet, der Herr ging vorbei.
- Wunderschöne Gebete, Lieder, Sequenzen und Hymnen: Lobe Zion deinen Hirten. Pange lingua. Adoro te devote. Deinem Heiland, deinem Lehrer u. a. m.
- Traditionell ist eine Einkehr im Gasthaus oder Festmahl zu Hause.

Was bedeutet Fronleichnam für mich?

Papst Benedikt XVI. hat in einem sehr persönlich gehaltenen Aufsatz erzählt. wie Selbsterlebtes nach mehr als einem halben Jahrhundert, wie ein Erlebnis von heute lebendig bleibt: „Ich spüre noch den Duft, der von den Blumenteppichen und den frischen Birken ausging; der Schmuck an allen Häusern gehört dazu, die Fahnen, die Gesänge; ich höre noch die dörfliche Blasmusik, die an diesem Tag sogar manchmal mehr wagte, als sie konnte, und ich höre das Krachen der Böller, mit denen die Burschen ihre barocke Lebensfreude ausdrückten, aber dabei eben doch Christus wie ein Staatsoberhaupt, ja, als das Oberhaupt, als den Herrn der Welt auf ihren Straßen und in ihren Dörfern begrüßten. Die immerwährende Anwesenheit Christi wurde an diesem Tag gleichsam als der Staatsbesuch begangen, der auch das kleinste Dorf nicht auslässt."

Aus: Das Fest des Glaubens,
Joseph Ratzinger, Einsiedeln

Herz-Jesu-Fest – (K)ein zeitgemäßes Fest?

Freitag, 3. Woche nach Pfingsten feiern wir das Herz-Jesu-Fest, zudem ist der ganze Monat Juni ist dem Herz Jesu geweiht. Dieses Fest wurde eingesetzt auf Grund der Christuserscheinungen an Margarita Maria A. (1647-1690) in Paray-le-Monial. Bekannteste Erscheinung: 16. Juni 1675.

Was feiern wir?

Papst Benedikt XVI. erinnerte die Gläubigen am 26. Juni 2006 beim **Angelus**

„Am Freitag haben wir das Hochfest des Heiligsten Herzens Jesu begangen, ein Gedenktag, der Volksfrömmigkeit und theologische Tiefe auf treffende Weise miteinander verbindet. Es gehört zur Tradition – und in einigen Ländern gibt es diesen Brauch noch immer – dass sich die Familien dem Herzen Jesu weihen und ein entsprechendes Bild in ihren Häusern aufbewahren".

Ein wahrhaft katholisches Fest,
denn wir feiern das Herz Jesu als Ursprung der Sakramente, wie die liturgischen Gebete dieses Tages besagen. Dieses Fest ist in zeitlicher und inhaltlicher Nähe zum Fest der Geburt Johannes des Täufers, der sagte: „Er muss wachsen, ich aber muss abnehmen", und dieses Wort ist für jeden Christen programmatisch.
Die Wurzeln dieser Frömmigkeit liegen im Geheimnis der Menschwerdung Gottes: Durch das Herz Jesu hat sich die Liebe Gottes zu den Menschen in erhabener Weise offenbart, deshalb behält der echte Kult des Heiligen Herzens Jesu seine volle Gültigkeit und zieht besonders jene Seelen an, die nach der Barmherzigkeit Gottes dürsten und in ihr die unversiegbare Quelle finden, aus der das Wasser des Lebens zu schöpfen ist, das die Wüsten der Seelen bewässern und die Hoffnung wieder erblühen lassen kann. Dieses Hochfest ist zugleich der Weltgebetstag für die Heiligung der Priester.

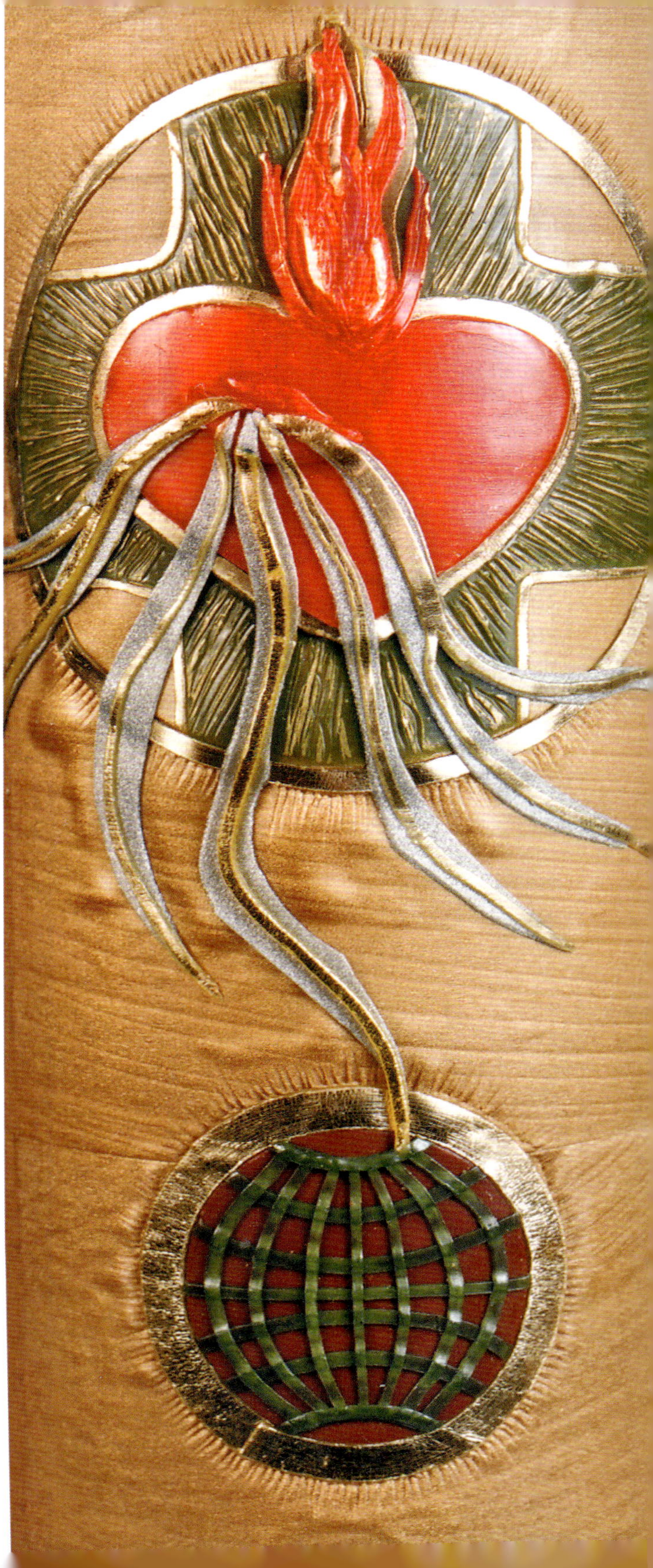

Herz-Jesu-Fest und die Hauskirche

- Das Stundengebet eröffnet uns – wie immer – das Festgeheimnis
- Die heilige Messe gesammelt mitfeiern
- Wunderbare Tagesgebet und Lesungen betrachten
- Sich als Familie dem Herzen Jesu weihen
- Am Herz Jesu Freitag regelmäßig zur Beichte gehen
- Spiritualität: Wunderbare Anrufungen, Hymnen und Lieder, die Herz-Jesu-Litanei, typisch katholische Texte mit warmen Melodien und vielen wunderbaren Strophen
- Welches Herz-Jesu-Bild beim Hausaltar? Das eigentliche Bild ist jenes vom durchstoßenen Herzen, oder auch vom Lieblingsjünger Johannes an der Brust Jesu
- Traditionelle Blumen: Bartnelken, weil sie Brennende Liebe genannt werden
- Verehrung und Weihe an das Heiligste Herzen Jesu mit den Verheißungen: Gläubige Familien weihen sich dem Herzen Jesu und erneuern die Weihe mit einer Oktav. wie z. B. die Kronsteiner Mutter. Mehr dazu im sehr lesenswerten Buch (vergriffen): *Eine Mutter und 11 Kinder,* H. Kronsteiner, Kultur i.d.Familie. Zur Feier siehe *Die Kirche erwacht in den Häusern*, Seite 136 ff.

Mit diesen vier Festen stehen wir im Hochsommer, die Grünen Sonntage nehmen ihren Lauf.

Die 12 Verheißungen des Herzens Jesu

Ich werde…

1. ihnen alle notwendigen Standesgnaden geben
2. ihren Familien den Frieden schenken
3. sie in allen ihren Leiden trösten
4. über alle ihre Unternehmungen reichsten Segen ausgießen
5. ihre sichere Zuflucht sein im Leben und in der Todesstunde
6. die Häuser segnen, in denen mein Herz Jesu Bild aufgestellt und verehrt wird
7. den Priestern die Gabe verleihen, verhärtete Sünder zu bekehren
8. Die Sünder werden in mir unerschöpfliche Quelle der Barmherzigkeit finden
9. Die lauen Seelen werden eifrig werden
10. Die eifrigen Seelen werden zur Vollkommenheit voranschreiten
11. Die Namen derer, die diese Verehrung fördern, werden in meinem Herzen eingeschrieben und nie daraus getilgt werden
12. Ich verspreche dir im Übermaß der Barmherzigkeit meines Herzens, dass meine allmächtige Liebe all jenen, die an neun aufeinander folgenden ersten Monatsfreitagen die heilige Kommunion empfangen, die Gnade eines bußfertigen Todes verleihen wird. Sie werden nicht im Stand der Ungnade und nicht ohne Empfang der Heiligen Sakramente sterben. Mein göttliches Herz wird ihre sichere Zufluchtsstätte im letzten Augenblick sein.

Aus den Schriften der hl. Margareta M. Alacoque

Herz Jesu – Wie spricht die Bibel vom Herz?

Das Wort Herz kommt in der Bibel sehr häufig vor, wenn es um Denken, Überlegen, Verstand, Wissen und Weisheit geht: Mit Herz ist in der Tat die personale Mitte Gottes getroffen. Auch des Menschen, denn wer Gott kennt, kennt auch den Menschen. Vom Herzen Jesu sprechen, ist vielen Gläubigen, gerade auch Priestern und Theologen, peinlich. Direkte Glaubensschwierigkeiten sind dabei nicht im Spiel. Es handelt sich eher um ein menschliches Problem. Das Leben lehrt uns Sachlichkeit und kühle Distanz. Sogar Liebende sehen von der Sprache des Herzens ab und versachlichen die Liebe. Nun liegt in der deutschen Sprache aber eine Fülle von Wendungen bereit, die bewusst zu machen sich lohnt: herzliche Grüße, herzlich willkommen, ein gutes und treues Herz haben, jemand von Herzen gern haben, sein Herz ausschütten, die Herzen der Menschen gewinnen, sich ein Herz nehmen, etwas tut uns von Herzen leid. Diese keineswegs vollständige Aufzählung beweist, dass das Symbol des Herzens nichts von seiner Ausdruckskraft eingebüßt hat. Die Sprache der Bibel liebt den Gebrauch von Urwörtern wie Herz, Seele, Geist, Angesicht …
*Die Selbstoffenbarung Gottes geschieht stufenweise und in notwendiger Beziehung zur Fassungskraft des Menschen. Das heißt nicht, dass der Mensch immer besser begreift, im Gegenteil: immer mehr muss er einsehen, wie unfassbar die Wirklichkeit Gottes ist und dass die angemessene Weise des Redens über Gott eigentlich das Schweigen wäre (**Schott**▸).*

14

Hochfeste – Feier und Leben im Sommer

Die Familie ist nicht nur Hauskirche, wenn sie betet. Alles was sie tut, tut sie anders als Nichtgläubige. So gehört ganz natürlich auch das Urlauben, feiern und sich weiterbilden dazu. Der Sommer ist eine solche Zeit.

Der Sommer im Kirchenjahr

Nach Weihnachten, Ostern und Pfingsten scheint für viele das Liturgische Jahr zu Ende zu sein, zumindest in der Hauskirche. Was passiert in der langen Zeit von Pfingsten bis zum Erntedankfest? Das Kirchenjahr hat eine lange Reihe von Grünen oder Gewöhnlichen Sonntagen, der Sommer fällt in diese Zeit im Jahreskreis.

Sommersonnenwende in Natur und Kirchenjahr

Das Jahr der Natur läuft nicht getrennt vom Jahr der Gnade. Sie beide stehen in einem geheimnisvollen, innigen Zusammenhang. Jedes Leben der Natur und deren Entfaltung hängt Sonne und Wasser ab. So auch unser Leben von Christus und den Sakramenten. Diesen Zusammenhang und die Bildsprache hat die Kirche im Licht des Heiligen Geistes sehr gut erkannt und das Jahr des Heiles wunderbar hineingebaut in das Jahr der Natur: Es durchwandert und entfaltet viele Formen seines Daseins, es keimt und grünt, blüht und wird befruchtet, dann reifen die Früchte heran. In dieser Zeit stehen wir jetzt.

Verehrung des „Kostbaren Blutes Christi"

„Im Monat Juli verehren die Christen traditionellerweise das Heiligste Blut Jesu Christi. In der heutigen Welt wird ununterbrochen unschuldiges menschliches Blut vergossen. Die Herzen der Menschen sind häufig eher von Hass erfüllt als von evangeliumsgemäßer Liebe; Oft sind sie eher von Verachtung und Arroganz erfüllt als von Sorge um die Menschheit". Angesichts dieser Situation ruft Papst Benedikt XVI. am 5. Juli 2006 bei der letzten Generalaudienz vor den Sommerferien die Gläubigen auf, dafür zu beten, dass die moderne Menschheit die Macht des Blutes Christi erfahren möge, das am Kreuz vergossen wurde, um uns alle zu erlösen.

Vier Hochfeste im Sommer

24. Juni, Geburt hl. Johannes der Täufers

Wir feiern das Hochfest der Geburt Johannes der Täufer. Mit Ausnahme der Gottesmutter ist er der einzige Heilige, dessen Geburt und Todestag die Kirche seit dem 5. Jhd. feiert (Enthauptung am 29. August). Biblisch gut begründet: 24. Juni bis 24. Dezember, exakt sechs Monate vor der Geburt Jesu. Das Evangelium (Lk 1) berichtet die ungewöhnlichen Ereignisse bei seiner Geburt, sie weisen auf seine Bedeutung in der Heilsgeschichte hin. Johannes steht an der Schwelle vom Alten zum Neuen Bund. Er war berufen, das Kommen Jesu vorzubereiten. Johannes verstand sich als Rufer in der Wüste, als Vorläufer des Größeren, der nach ihm kommen sollte. Jesus nennt ihn den Größten unter allen Menschen.

- Hochfeste haben zwei wunderbare Liturgien: Am Vorabend und am Festtag
- Sonnwendfeuer mit Birken vom Fronleichnamsweg, ist ein beliebtes Brauchtum
- Oft begleitet von Musik, Gebildebrot und Geselligkeit

29. Juni, Hochfest der Apostel Petrus und Paulus

Die beiden Apostel werden gemeinsam gefeiert. Das ist nicht ihr Todestag, sondern die vermutliche Übertragung der Reliquien in die Katakombe an der Via Appia, nahe der heutigen Kirche San Sebastiano. Das ersten Mal wird das heutige Fest im römischen Staatskalender von 354 erwähnt.

Petrus, vorher Simon, Bruder des Andreas, wird der spätere Kephas oder Fels, lateinisch Petrus. Er wird in allen Apostelverzeichnissen als erster genannt. Nach dem Weggang Jesu übernahm er die Führung der Gemeinde in Jerusalem. Sein Aufenthalt in Rom und sein Märtyrertod unter Kaiser Nero (zw. 64-65) können als historisch gesichert gelten.

Paulus, als Todesjahr gilt 67. Früher gab es am 30. Juni noch einen besonderen Gedenktag des hl. Paulus; er steht nicht mehr im römischen Kalender, dafür hat das Fest der Bekehrung des hl. Paulus (25. Januar) einen höheren Rang erhalten.

Tradition und Feier

- Hochamt im Dom mit Priesterweihe
- Mitfeier der Priesterweihe
- An Primizen teilnehmen: „Für den Primizsegen geht man ein paar Schuhe durch!“
- Hausaltar: Bild oder Ikone der beiden Apostel Petrus und Paulus

6. August, Fest Verklärung des Herrn

Mattäus (17,1-9), Markus (9,2-10) und Lukas (9,28-36) berichten davon. Das Fest der Verklärung wird in der Ostkirche seit dem sechsten Jhd. gefeiert. In der abendländischen Kirche wurde es 1457 von Papst Kallistus III. allgemein vorgeschrieben zum Dank für den Sieg über die Türken und den drohenden Islam bei Belgrad.

- **Hausaltar:** Es gibt wunderbare Bilder für den Wechselrahmen

15. August, Hochfest der Aufnahme Mariens in den Himmel mit Leib und Seele

Am Scheitel des Sommers wird ein Marienfest gefeiert. Nach früh bezeugtem Glauben der Kirche wurde Maria am Ende ihres irdischen Lebens

mit Leib und Seele in den Himmel aufgenommen. Diese Wahrheit zeigt die besondere Würde der Gottesmutter. In ihr wird exemplarisch sichtbar, wozu Mensch und Welt durch Gottes Gnade berufen sind. Das Fest sagt also indirekt etwas über den Menschen aus. Das Fest gehört zu einem der beliebtesten Feste des Kirchenjahres und so schenkt uns die Kirche am Höhepunkt des Sommers einen hohen Feiertag. Das Fest erhielt durch die Verkündigung des Dogmas einen starken Aufwind.

Das Dogma, verkündet am 1. November 1950

„Wir verkünden, erklären und definieren es als ein von Gott geoffenbartes Dogma, dass die unbefleckte, allzeit jungfräuliche Gottesmutter Maria nach Ablauf ihres irdischen Lebens mit Leib und Seele in die himmlische Herrlichkeit aufgenommen wurde."

Traditionen in Kirche und Haus

- Krönung des Muttergottesbildes
- Liturgie am Vorabend und am Festtag
- Marienweihe ablegen oder erneuern
- Oktav zum 22. August: Maria Königin
- Kräuterweihe

Die Kräuterweihe

Die Kräuterweihe ist ein sehr zeitgemäßer Brauch, denn die Bedeutung der Heilkräuter ist wiederentdeckt worden und im Sinne der Schöpfungsbewahrung danken wir im Weihegebet dem Schöpfer für die Herrlichkeit der Schöpfung. Der Kräuterbuschen wird auf das Kreuz gesteckt oder im First des Hauses aufbewahrt. Binden und Aufstecken sollte aus katechetischen Gründen ein Ritus sein, nicht verborgen.

Das wunderschöne Weihegebet:

Lasset uns beten.
Du hast Maria über alle Geschöpfe erhoben und
sie in den Himmel aufgenommen.
An ihrem Fest danken wir für alle Wunder deiner Schöpfung.
Durch die Heilkräuter und Blumen schenkst du uns Gesundheit und Freude.
Segne + diese Kräuter und Blumen.
Sie erinnern uns an deine Herrlichkeit und an den Reichtum deines Lebens.
Schenke uns
auf die Fürsprache Marias dein Heil.
Lass uns zur ewigen Gemeinschaft mit dir gelangen und dereinst einstimmen in das Lob der ganzen Schöpfung,
die dich preist durch deinen Sohn Jesus Christus in alle Ewigkeit.

Zum Kräuterbund gehören

Das Johanniskraut (Hypericum perforatum)
Der Wermut (Artemisia absinthium)
Der Beifuß (Artemisia vulgaris)
Der Rainfarn (Chrysanthemum vulgare/Tanacetum vulgare)
Die Schafgarbe (Achillea millefolium)
Die Königskerze (Verbascum densiflorum)
Das Tausendguldenkraut (Centaurium erythrea)

Das Eisenkraut (Verbena officinalis)
Neben diesen allgemein anerkannten Pflanzen werden regional auch andere verwendet: Der Wiesenknopf, die Kamille, der Thymian, der Baldrian, der Odermennig, der Alant, verschiedene Kleesorten (Hasenklee, Feldklee) und die wichtigsten Getreidesorten.

Siehe: Christliches Brauchtum, H. Kirchhoff, S. 170 ff

Verwendung der geweihten Kräuter
Meist werden die geweihten Kräuter hinter das Kreuz gesteckt oder an eine der Türen des Hauses, zum Hauskreuz oder in den First des Hauses.
Schließlich dient der aus dem Krautbund hergestellte Tee der Vorbeugung und Genesung von Krankheiten vielfacher Art. Zunächst für den Menschen. Aber auch krankem Vieh wurden die Kräuter ins Futter gemischt; die Körner des geweihten Getreides wurden dem neuen Saatgut hinzugefügt. Drohte ein schweres Gewitter, warf man Teile des Krautbundes ins Herdfeuer; der Bund wurde auch gegen Blitz und Seuchen an die Hauswand gehängt; in den Sarg der Toten legte man ein Kreuz aus geweihten Kräutern.

Scheitel des Sommers ...
Das Fest der Aufnahme Marias in den Himmel ist der Höhepunkt des Sommers, die Hitze lässt langsam nach. „Maria fährt in Himmel, hört sich auf das Weltgetümmel“ (Gewitter).

Noch zwei Feste

10. August, hl. Laurenz, Diakon und Märtyrer

Er war einer der sieben Diakone in Rom, zuständig für Finanzen und Armenfürsorge. Nachdem Kaiser Valerian von ihm vergeblich die Herausgabe kirchlicher Güter verlangt hatte, die dieser aber für

die Armen verbrauchen wollte, wurde er gefoltert und hingerichtet. Laurentius wurde zu einem der meistverehrten Heiligen, über seinem Grab ließ Kaiser Konstantin um 330 die Kirche S. Lorenzo fuori le Mura errichten.

Laurenzius-Tränen

nennen die Bochumer die auffallend vielen Sternschnuppen Mitte August. Wenn die Erde auf ihrem Weg um die Sonne die Bahn des Kometen Swift-Tuttle quert, fällt eine große Menge Trümmer des Kometen in die Erdatmosphäre und verglüht. „Wunsch frei in der langen Sternschnuppennacht“, wie sie die Sternwarte in Bochum am 10. August veranstaltet. Es fallen bis zu hundert solcher Tränen pro Sekunde, heißt es aus der Sternwarte.

24. August, hl. Bartholomäus, Apostel und Märtyrer

Das missionarische Wirken des Apostels dürfte in Ägypten, Kleinasien oder auch Armenien gewesen sein. Gemäß den bäuerlichen Wetterregeln ist sein Tag bemerkenswert in der Jahreszeitenwende.

Dazu eine Bauernregel
Zu Bartholomäus,
sieh, da knickt der
Hafer in die Knie.
Wer Roggen hat, der
säe, wer Grummet

hat, der rech‘,
wer Äpfel hat, der brech, wer Birnen hat,
der rüttelt,
wer Zwetschken hat, der schüttelt.
Wie Bartholomätag sich hält, so ist der
ganze Herbst bestellt.“

Sommer – Erholung ist mehr als Nichtstun!

Sommer, Ferien und Urlaub das sein lassen, was sie in Wirklichkeit sein sollen: Erholung für Leib und Seele, denn eine gesunde Seele wohnt sich leichter in einem gesunden Leib. Dass Erholung gelinge, ist manchmal gar nicht so einfach und wird auch individuell verschieden sein. Für den Einen bedeutet Erholung verreisen, für denjenigen, der im Beruf viel zu reisen hat, ist „daheim bleiben“ die herrliche Alternative.

Der Sommer beginnt nicht erst mit den Ferien!

Das sei jenen gesagt, die sich schwer von der Arbeit lösen und daher weniger Erholungseffekt haben. Auch persönlich habe ich diese Erfahrung gemacht. Seither bereite ich mich auf den Sommer vor, wie für eine Reise, auch wenn ich ihn zu Hause verbringe. Urlaub zu Hause verbringen kann ein spannendes Abenteuer sein, wenn man gute Ideen hat und sich richtig darauf vorbereitet. Für viele Berufe, im Besonderen für die Landwirte, lässt sich das nicht machen. Sie haben Hochsaison und müssen hart arbeiten!

Suchen und entdecken, was wirklich erholt

- Lebensgewohnheit und Tagesablauf nur ein klein wenig verändern, kann schon hilfreich sein. Es geht darum, Abstand zu gewinnen und das muss am Anfang der Ferien passieren.
- Hilfreich ist, am Beginn der Ferien evtl. einige Tage wegzufahren, dann gelingt das anschließende Urlauben zu Hause auch viel besser.

- Das Jahr über notieren, was man gern tun würde, aber nicht dazu kommt
- Sommerabende auf „Balkonien“, finster werden und Sterne aufziehen erleben
- Endlich lesen nach Herzenslust
- Bibel besser kennenlernen: Benedikt XVI. gibt den Rat: Die Heilige Schrift ist eine Bibliothek von kleineren und größeren Büchern. Wir hören immer nur Ausschnitte davon. Einmal eines der Bücher durchgehend lesen, manche sind sehr klein: Buch Ruth, Buch Tobit, Buch der Weisheit, Hohelied der Liebe. Wir würden staunen!
- Tag und Woche gestalten statt trudeln
- Nicht bloß „Nichts“, sondern etwas ganz Anderes tun
- Erholungseffekt des Wassers: Schwimmen nach der Arbeit, nicht erst im Urlaub
- Grillen, wenigstens einmal im Sommer, gibt ein Sommergefühl
- Spaziergang am Abend oder Morgen, sich Zeit nehmen und erleben: Den Geruch blühender Blumen, Singen der Vögel, Gefühl des Feierabends
- Miteinander reden und miteinander schweigen, Gefühle pflegen und ausdrücken
- Singen und musizieren: Sommerlieder als Kulturgut entdecken und pflegen
- Zeitplan für Werktag Messen, evtl. auch in Nachbars Pfarreien, besorgen

Bücherliste – Wunschkonzert

Bücher sind Freunde für jede Jahreszeit! Auch wenn der Winter als klassische Lesezeit gilt, nützt doch mancher gerade den Sommer dazu und packt einige „handverlesene“ ein. Zunächst für alle Fälle, sollte es regnen oder Langeweile eintreten. Ein Buch hat schon Unerhörtes bewirkt: Die

Umwelt versinkt plötzlich im Sog eines Krimis, eines spannenden Reiseberichtes.
Tatsächlich besteht Freiraum zum Lesen auch während des Jahres, aber es sollten halt die gewissen, interessanten Bücher sein. Wir träumen doch von Reisen, Urlaub, Feste feiern und wie könnten da Bücher fehlen auf dem berühmten Balkonien. Es genügen ein Samstagabend oder ein Sonntag und ein schönes Buch wird zum unvergesslichen Erlebnis. Oder nach einem langen Sommer allmählich wieder sesshaft werden und die Zeit gepflegter Häuslichkeit entdecken. Zeit für lange Abende mit lohnender und spannender Lektüre! Bücher schaffen ein besseres Klima in der Familie, sie verbessern die Atmosphäre und gemeinsam gelesene Bücher schaffen eine gemeinsame Welt.
Von Zeit zu Zeit wird behauptet, es werde weniger gelesen als je zuvor. Statistiken und Umfragen sagen wieder das Gegenteil. Lehrer und Erzieher wünschen, dass ihre Kinder Leser werden, weil sie wissen, dass Lesen das Denken schult, die Selbstständigkeit fördert und Außensteuerung verhindert, andere Menschen verstehen lehrt und soziale Tugenden entwickeln hilft, Lebenshilfe sein kann, ja Heilkräfte in sich trägt, Erlebnisfähigkeit vertieft und die Fantasie anregt, Orientierung sein kann für ein ganzes Leben. Vorlesen und gemeinsam Musik hören führt die Familie zusammen, schafft eine gemeinsame Welt.

Es kann ein wunderschöner Herbst folgen, aber eben ein Herbst.

Besondere Lektüre

Einmal ein Buch aus der Bibel im Ganzen lesen!

Papst Bendikt XVI.

15

Der Herbst im Kirchenjahr

Herbst, die Zeit der Ernte, Zeit des Rückblickes und des Dankens, dafür, was durch die Kräfte der Natur, die Mühe des Menschen durch Gottes Segen gewachsen ist.

Feste und Leben im Herbst

Wir stehen in der Grünen oder Gewöhnlichen Zeit, sie endet mit dem letzten Sonntag im Kirchenjahr, Christkönig. Das Jahr der Natur geht mit dem Jahr der Kirche: Nach Keimen und Blühen, reifen die Früchte. Der Herbst beginnt astronomisch zwar am 23. September, oft mutet es uns bereits nach dem 15. August herbstlich an, wenn die erste Schlechtwetterperiode einsetzt. Die Tage werden deutlich kürzer, das **Ave-Läuten**▸ ist bereits um eine Stunde früher.

Gibt es einen „festlichen Herbstbeginn"?

- Reste finden sich um den 29. September, dem Michaelistag
- Am Vorabend leuchteten Feuer den Herbst ein
- Das zugehörige festliche Mahl wurde „Lichtbratl" genannt

Wichtige Feste dieser Zeit

- Mehrere Marienfeste im September
- September ist Erzengel-Monat
- Schutzengeltag im Oktober
- Erntedankfest im September
- Rosenkranzmonat Oktober
- Die drei Goldenen Samstage im Oktober

Drei schöne Marienfeste

8. September, Maria Geburt

Das Fest entstand im Orient, wahrscheinlich aus dem Kirchweihfest St. Anna in Jerusalem, der als Ort ihrer Geburt gilt, eingeführt von Papst Sergius (667–701). Im Westen zählt es zu den vier großen Festen, die in Rom gefeiert werden. Vom Datum der Geburt Marias, das allerdings kein historisches ist, wird das Datum ihrer Empfängnis festgesetzt (8. Dezember). Die Tatsache, dass dieses Fest liturgisch gefeiert wird, setzt den Glauben voraus, dass Maria heilig (= ohne Erbsünde) geboren wurde. Neun Monate nach dem 8. Dezember feiern wir die Geburt Marias.

Es „herbstelt“: Zu Maria Geburt fliegen die Schwalben furt.

12. September, Maria Namen

Einführung des Festes durch P. Innozenz XI. im Jahr 1683, zum Dank für den Sieg über Türken und Islam bei Wien. Der Name Maria (hebr. Marjam und Myriam) wird verschieden gedeutet, aber keine von den etwa 60 Deutungen ist sicher. Die erste, uns bekannte Person mit dem Namen Miriam = Schwester von Mose. Deutungen: Die von Gott Geliebte, Bevorzugte (Herrin, Schöne, Stern des Meeres).

15. September, Sieben Schmerzen Marias

Dieses Fest steht im Zusammenhang mit dem am Vortag gefeierten Fest Kreuzerhöhung. Die sieben Schmerzen Marias sind gemäß liturgischer Texte: Weissagung Simeons (Lk 2, 43-35); Flucht nach Ägypten (Mt 2, 13-15); das dreitägige Suchen nach Jesus bei der Wallfahrt (Lk 2, 41-52); Weg nach Golghotha; Kreuzigung Jesu; Abnahme Jesu vom Kreuz; Grablegung Jesu.

Siehe Lexikon der Bräuche und Feste, Becker-Huberti, S. 382 ff

Engel und ihre Feste

Nach alter Tradition ist der September in besonderer Weise der Verehrung der heiligen Engel geweiht, das Schutzengelfest dem 2. Oktober. Zudem ist der wöchentliche Dienstag dem Schutzengel zugedacht.

Solche Intentionen oder Gedenken sind bewährt und sinnvoll: Wir sollen uns der Macht der Engel bewusst sein. Auch kleine Glaubenswahrheiten nicht vergessen, sondern die geistliche Hilfe daraus in Anspruch nehmen. Die Wahrheit, dass jeder Mensch einen Schutzengel hat, gehört zwar zu den kleinen, aber wichtigen Dogmen, wirksam im Alltag.

Engel sind Boten Gottes

Sie stehen im Dienst Gottes und kommen denen zu Hilfe, die gerettet werden sollen (Hebr 1, 14). Im Alten Testament werden die Engel auch Heilige oder Söhne Gottes genannt. Unter ihnen werden die Kerubim und Seraphim besonders hervorgehoben. Die Schrift kennt 9 Chöre der Engel: Flammende Seraphim, erleuchtete Cherubim, Throne, Herrschaften, unüberwindliche Gewalten, Fürsten, wunderbare Mächte, Erzengel und Engel.

Persönlicher Schutzengel

ist ein verlässlicher Freund. Wird die Wahrheit eines persönlichen Schutzengels vorenthalten oder verkitscht, werden New Age und andere Ideologien an seine Stelle treten. Der Schutzengel ist immer bei uns und zugleich vor dem Angesicht Gottes. Er geleitet uns treu Tag für Tag bis zum Durchschreiten der Todespforte vor das Angesicht des Richters. Der letzte Weg, den wir alle mit Furcht und Zittern einmal werden gehen müssen.

29. September, Fest der drei Erzengel

Die Schrift führt fünf Erzengel mit Namen an, der bekannteste ist Michael, bezeugt in der Heiligen Schrift: Dan 7, 9-10.13-14; Off 12, 7-12; Ps 138; Joh 1, 47-51. Ihre Namen sind Programm und bedeuten:

- Michael: „Wer ist wie Gott?“. Das Patrozinium der Michaelskirche in Rom ist seit jeher der 29. 9. Heute sind alle drei Erzengel zusammengelegt.
- Gabriel: „Kraft Gottes“ oder „Held Gottes“. Früher gefeiert am 24. März.
- Raphael: „Gott heilt und Gott führt.“ Früher am 24. Oktober.

■ Luzius: War Lichtträger, bevor er sich gegen Gott auflehnte, wurde von Michael gestürzt und so zu Luzifer, auch Satan genannt.

2. Oktober, Schutzengelfest

Der Glaube an den persönlichen Schutzengel stützt sich vor allem auf Mt 18, 10. Die liturgische Verehrung der Schutzengel hat sich im 15. und 16. Jhdt. ausgebreitet. 1670 hat Papst Clemens das Schutzengelfest für die ganze Kirche verbindlich auf den 2. Oktober festgelegt. „Ich werde einen Engel schicken, der dir vorausgeht. Er soll dich auf dem Weg schützen und dich an den Ort bringen, den ich bestimmt habe. Achte auf ihn und höre auf seine Stimme. Widersetze dich ihm nicht! Er würde es nicht ertragen, wenn ihr euch auflehnt, denn in ihm ist mein Name gegenwärtig. Wenn du auf seine Stimme hörst und alles tust, was ich sage, dann werde ich der Feind deiner Feinde sein und alle in die Enge treiben, die dich bedrängen. Mein Engel wird dir vorausgehen" Ex 23, 20-23.

Schöne und katechetisch reiche Lieder und Gebete

Lasst uns den Engel preisen,
der wie ein Bruder still.
Auf Erden mit uns reisen
und uns behüten will.
Er wird auf seinen Händen
uns tragen wunderbar
und wird den Feind abwenden
und bannen die Gefahr. *Siehe auch GL*

Hauskirche und Traditionen

■ Hausaltar: Schönes Engelbild im Wechselrahmen
■ Dienstage in Intention des Schutzengels feiern
■ Tägliches Gebet zum Schutzengel und Erzengel Michael
■ Katechese über die Engel und ihre Beziehung zu uns (KKK 325-336)

Jüdisches Fest: Sukkot oder Laubhüttenfest

„Sieben Tage sollt ihr in Hütten wohnen, … damit eure Nachkommen wissen, dass ich die Juden in Hütten wohnen ließ, als ich sie aus Ägypten herausführte" Lev 23,42.43. Gefeiert am 15. Tag nach Neujahr.
Es ist anzunehmen, dass dieses kurz nach dem Versöhnungstag gefeierte Fest zuerst ein Erntedankfest war. Erst später brachte man dieses Fest mit der Erinnerung an die Wanderung durch die Wüste in Verbindung, da in der Wüste der Bau von Laubhütten wegen mangelnder Vegetation nicht möglich sein konnte. Das Fest dauerte sieben Tage, man soll in dieser Zeit in einer Hütte wohnen, die mit Laub bedeckt ist.

Oktober – Rosenkranzmonat

Der Rosenkranz soll uns das ganze Leben begleiten, uns praktisch nicht aus der Hand gleiten. Der Priester Carl Sonnenschein hat in Berlin gepredigt: „Hast du ihn noch, den Rosenkranz, den dir deine Mutter gab? Den Rosenkranz, den du am Erstkommuniontag trugst? Den Rosenkranz, den man dir in die Hände fügen soll, wenn man dich einsargt und ins Grab senkt? Hast du ihn noch? – Nimm diesen Rosenkranz wieder zur Hand!"
Der oft missverstandene Rosenkranz ist ein betrachtendes Gebet. Der Gnadenweg Marias wird mit

der Erlösungsgeschichte durch Jesus Christus verbunden. Auch unser eigenes Leben wird in das Heilsgeheimnis der Menschwerdung einbezogen, des Leidens und der Erhöhung Jesu Christi und in den dankbaren Lobpreis. Es dürfte Dominikus von Preußen gewesen sein, ein Mönch der Kartause St. Alban in Trier, dem wir die heutige Form verdanken.

7. Oktober, Unsere Liebe Frau vom Rosenkranz

Das Rosenkranzfest gilt nicht dem Rosenkranz selbst, sondern Maria, der „Rosenkranzkönigin". Das Fest wurde vom Dominikanerpapst Pius VI. 1572 zur Erinnerung an den Sieg über die Türken in der Seeschlacht bei Lepanto (Oktober 1571) eingeführt. Nach dem Sieg über die Türken bei Peterwardein (Ungarn) am 5. August 1716 wurde das Fest auf Bitten Karl VI. auf die ganze Kirche ausgedehnt.

Anregung für die Hauskirche

- Bild der Rosenkranzkönigin im Wechselrahmen
- Krönung des Muttergottesbildes oder der Statue
- Tägliches Beten des Rosenkranzes

Das Erntedankfest

Genuines Brauchtum im Herbst gibt es mehr oder weniger nur zum Erntedankfest.

Eine gute Ernte ist nicht selbstverständlich. Wir erleben derzeit die Folgen des Klimawandels und neuerdings die Ausgeliefertheit an Dürre und Hochwasser. Unsere Väter haben in solchen Jahren Versprechen, Gelöbnisse, etwa Wallfahrten gemacht. Trauen wir Heutigen uns noch zu, etwas auf das ganze Leben hin zu versprechen? Haben wir das Feldfrüchtegebet dieses Jahr wenigstens einmal gebetet? Andererseits ist für den modernen Landwirt heute eine zu gute Ernte gar nicht erwünscht, nämlich wegen des Preisverfalls und Ähnlichem.

Erntebräuche in der Geschichte

siehe auch Dtn 26, 4-10

- Segnung der Erntegeräte vor dem ersten Schnitt
- Kreuzzeichen über Sense und Ähre vor dem „ersten Schlag"
- Niederknien der Hausleute am Feldrand, um für eine gute Ernte zu beten
- Mancherorts bekamen den Ertrag der ersten Fuhre die Armen.
- Der erste Erntewagen wurde vor der Kirche oder Scheune mit Weihwasser besprengt
- Auch die letzte Fuhre umgab ein besonderes Brauchtum
- Schöne Bräuche der katholischen Volksgruppe der Sorben im Spreewald in Deutschland

Traditionen Heute

- Das Erntedankfest braucht keine Schaulustigen, nur Teilnehmer, Gabenträger!
- Festliche Gabenprozession mit der ganzen Kultur eines Ortes.
- Die **Erntekrone** aus Ähren ist die Hauptgabe, bei der Prozession mitgetragen, über dem Altar aufgezogen bleibt sie einige Wochen.
- Wir suchen die schönsten Früchte aus und tragen sie zum Altar.

- Frauen, Jäger, Imker usw. tragen Gaben in Form ihrer Feld- und Gartenfrüchte.
- Vorsatz für nächstes Jahr: Mitgehen bei Bittgängen, Feldfrüchtegebet und Wettersegen.

Vielbeachtete Erntegabe

Eine kleine Gießkanne mit Wasser und ein kleines Körbchen mit Gras.
Die Julbacher Bäuerin Erna Prügl drückte ergreifend aus, was wir bedrückend erlebten: 2004 fiel monatelang kein Tropfen Regen und es wuchs kein Grashalm mehr!
Sohn Johannes, 14 Jahre, stellte plötzlich fest: Es wächst kein Grashalm mehr!

Anregung für die Hauskirche

- Das Feldfrüchtegebet ein letztes Mal beten, zum Dank für die **Ernte**
- Auch den Familientisch mit einem schönen Erntekorb schmücken oder
- Erntekranz analog Adventkranz über dem Tisch aufhängen
- Es gibt wunderbare Lieder und Gebete zur Ernte (Kulturgut pflegen)

Die goldenen Samstage

Die drei dem 29. September folgenden Samstage sind als Goldene Samstage bekannt und beim Volk beliebt. Der Name „Goldene Samstage" leitet sich wohl von der Missa Aurea her, eine feierliche Muttergottes „Votivmesse de Beata". Man wallfahrtet an diesen Tagen gerne zu einer angesehenen Mutter Gottes Kirche, feiert die heilige Messe mit und empfängt die Sakramente. Ursprung und eigentlicher Sinn dieser drei Samstage ist nicht ganz geklärt. Fest steht, dass sie schon im 14. Jhd. gefeiert wurden.

Der bunte Herbst und Traditionen

- Herbstwanderung: Der Herbst mit seinen bunten Farben und dem Duft der erntefrischen Früchte lädt zu einer Wanderung ein. Die letzten Sonnenherbsttage genießen und die gemeinsame Zeit in der herbstlichen Natur erleben.
- Einmal einen Almabtrieb miterleben
- Weinernte mit den schönen lokalen Bräuchen

Wann ist das Obst reif?

Der Jakob, der salzt, (25. Juli, hl. Jakobus)
Der Laurenz, der schmalzt, (10. August, hl. Laurenzius)
Der Bartl der gibt ihm den Geschmack (24. August, Bartholomäus)
Der Michl brockt ab (29. September, Erzengel Michael)

Österreichs Schifahrer und der Rosenkranz

„Ich hatte den Rosenkranz, den mir Johannes Paul II. geschenkt hatte, bei jedem Schirennen in der Tasche", erzählte Alpinchef Hans Pum, der schon 1997 mit einer Gruppe von Sportjournalisten und Sportlern Papst Johannes Paul II. besucht hatte. Mit dabei: Renate Götschl, Nicole Hosp, Marlies Schild, Hermann Maier, Benjamin Reich, Rainer Schönfelder, Michael Walchhofer, Peter Schröcksnadel.

Generalaudienz der österreichischen Schisportler bei Papst Benedikt XVI., Oktober 2007

16

Kirchweihfeste – Rom, Pfarre, Hauskirche

„Kirtag“ heißt dieses Fest landläufig, Kirchweih heißt es eigentlich und der theologische Inhalt ist biblisch. Dass dann Katholiken dieses Fest auch sehr „genusshaft“ umrandet haben, spricht für und nicht gegen den Glauben.

Theologie und Traditionen

Kirchweihe: Die erste Weihe eines Gotteshauses finden wir im Alten Testament (2 Sam, 7, 1ff): König David baute einen Tempel und weihte ihn mit einem großen Fest ein. Im Neuen Testament feiern die Gemeinden der Urkirche das Herrenmahl zunächst in Privathäusern, in dazu ausgestatteten Räumen dieser Häuser. Erst nach der Konstantinischen Wende wurden Basiliken gebaut und mit dem Reliquiar eines Heiligen versehen. Dieser Tag und der jährliche Gedenktag wurden zum Kirchweihfest. „Durch die Kirchweihe wird ein Kirchengebäude zum heiligen Ort“, sagt das Lexikon für Theologie und Kirche. Das Heilige nimmt Raum in der Welt und grenzt sich ab gegen Profanes.

Das Haus Gottes erhält eine eigene Weihe, Altar und Tabernakel sind das Zentrum, weshalb der Altar eine eigene Weihe bekommt. Die Weihe wurde in einem komplizierten Entfaltungsprozess allmählich zum heutigen Ritus des Kirchweihfestes ausgebaut. Ursprünglich feierte jede Gemeinde den Jahrestag der Weihe ihres (örtlichen) Gotteshauses. Es gibt aber auch einen gemeinsamen Kirchweihtag: der Sonntag der Lateranbasilika am 9. November.

Beim Betreten einer Kirche

- Gott, Du bist hier. Du rufst Dein Volk in Dein Haus und gibst ihm Kraft und Stärke.
- Jesus ich grüße Dich, Du aber segne mich!
- Jesus, ich glaube fest, dass Du hier gegenwärtig bist. Ich bete Dich in tiefer Ehrfurcht an. Ich bitte Dich um Verzeihung meiner Sünden und um reiche Gnaden dieser Stunde. Hl. Gottesmutter, Hl. Josef, Hl. Schutzengel, betet für mich.

Kirchweihe und ihre Feste

Drei römische Kirchweihfeste wegen ihrer weltkirchlichen Bedeutung:

- 18. November: Weihetag der Basilika St. Peter. Kaiser Konstantin ließ über den Gräbern der beiden Apostel eine Kirche bauen, Klein St. Peter genannt. Lange Zeit glaubte man, dass beide Apostel dort beigesetzt seien. Es blieb dem 20. Jhdt. vorbehalten, bei Ausgrabungen in der Nekropole un-

ter St. Peter das wirkliche Grab des heiligen Petrus zu finden. Die Reliquien des hl. Paulus wurden jüngst in St. Paul vor den Mauern gefunden.

■ 9. November: Weihetag der Lateranbasilika. Die Kirche wurde unter Kaiser Konstantin 324 erbaut und im 10. Jhd. dem Evangelisten Johannes d. Täufer geweiht. Sie gilt als „Mutter und Haupt aller Kirchen Roms und des Erdkreises".

■ 5. August: Weihetag der Basilika Santa Maria Maggiore. Sie wurde im 4. Jhd. auf dem Esquilin (einer der sieben Hügel Roms) errichtet, 431 nach dem Konzil v. Ephesus durch Papst Sixtus III. der Gottesmutter geweiht. Sie ist die größte Marienkirche und birgt Reliquien der Krippe Jesu.

Kirchweihe in Diözesen und Pfarren

■ Weihetag des Domes der jeweiligen Diözesen: Neben den Kirchweihfesten von allgemeiner Bedeutung spielen in den Diözesankalendern die Weihefeste der jeweiligen Bischofskirchen eine wichtige Rolle.
■ Kirchweihfeste der einzelnen Pfarrkirchen: Jede Pfarre feiert ihren eigenen Kirchtag an dem Tag des Heiligen, dem die Kirche geweiht ist.

Brauchtum des Kirchweihtages

■ Der Kirchtag oder Patrozinium ist ein „Hochfest" der Pfarrgemeinde
■ Mittelpunkt ist die festliche Eucharistiefeier
■ Zu erinnern ist an den **Patrozinium-Ablass**▸
■ Daran schließt sich gewöhnlich ein Jahrmarkt mit zum Teil übermütiger Geselligkeit

Patrozinium der Hauskirche

■ Patrozinium; Weihetag der Hauskirche - modern und zeitlos zugleich Vergessen, neu oder wieder entdeckt! Familien weihen sich einem Heiligen oder einem Glaubensgeheimnis. Sie genießen deren Segen, Schutz und Fürbittgebet.
■ Mehr, viel mehr, dazu können Sie erfahren in: *Familiengedächtnis, Direktorium der Hauskirche,* M. Prügl.

„Slava" – Patrozinium der Hauskirche

Elisabeth R. und ich waren bei Freunden in Zürich eingeladen. Donatella Casetti teilte uns im Voraus mit, dass sie (alle Jahre) am Christi Himmelfahrtstag eine Einladung habe, die sie schwer ausschlagen könne. Die Hausfrau meinte nur, das sei kein Problem, denn es kämen viele Menschen, die erweiterte Familie, Freunde und sogar „Feinde", meinte sie lächelnd. So erfuhren wir vor Ort den Grund des Festes, der „serbische Wurzeln hatte" – Slava.
Erläuterung dazu: Die serbischen Familien haben sich einem Heiligen oder einem Festgeheimnis „geweiht" und geben dieses „Patrozinium" von Generation zu Generation weiter. Geladen ist damit die möglichst erweiterte Familie. Diese Familie hatte also ein großes Bild von Christi Himmelfahrt im Wohnzimmer hängen, davor brannte eine Ampel. Es wurden Kulinarische Leckerbissen in Hülle und Fülle aufgetischt, es war ein Kommen und Gehen und es war ein Hauskirchenpatrozinium, auch wenn viele der Geladenen Ursprung und Bedeutung wahrscheinlich nicht mehr so richtig wussten!

LIFE Zürich, 2016

Unsere Hauskirche ist dem Herzen Jesu geweiht

„Die Herz-Jesu-Weihe, auch Thron-Erhebung genannt, lag unserer Mutter besonders am Herzen, denn Not und Sorgen um die Familie (es waren elf Kinder) wuchsen noch immer, obwohl der Krieg schon zu Ende war (1945). Eine solche Weihe war damals in Losenstein eine ganz neuartige Sache, sogar der Pfarrer fragte: Was will die Kronsteiner Mutter eigentlich damit? ‚Ich will mit den Meinen in das Herz-Jesu flüchten, ich weiß mir sonst keinen Rat mehr'. Die Mutter ließ die größeren Kinder von ihren Ersparnissen eine Herz-Jesu-Statue kaufen und bereitete die Weihe durch häufige Hinweise vor.
Eine ihrer ältesten Töchter bereitete sich besonders intensiv auf die Weihe vor und bat das Herz-Jesu innig, sie durch die Weihe von einem unaufhörlichen Kopfweh zu befreien. ‚Dagegen gibt es keine Hilfe', sagten die Ärzte. ‚Und von der Stunde der Weihe an war das Leiden für immer weg, ich spürte es fast körperlich wie es von mir abließ', erzählte die Betroffene später.
Die Weihe wurde vollzogen an einem Wochentag, am Geburtstag unserer Mutter. Damals waren noch alle Kinder im Elternhaus, alle mussten kommen und sich festlich kleiden. Das Geschäft und das Haus wurden geschlossen. Diese Weihe war, vor allem für unsere Mutter, der sichtbare Ausdruck ihrer Grundhaltung, sich und ihre Familie voll und ganz Gott zu übereignen'. Jedes Jahr wurde die Weihe feierlich erneuert und jeden Tag wurde das Weihegebet gebetet, es war auch das letzte Gebet, das Vater und Mutter gemeinsam gebetet hatten, einige Stunden später war sie tot'.

Aus: Eine Mutter und 11 Kinder, H. Kronsteiner

17

Allerheiligen, Allerseelen im Kirchenjahr

Allerheiligen, das letzte Hochfest im Kirchenjahr.
Allerheiligen und Allerseelen leiten den Monat November ein,
der dann das Kirchenjahr abschließen wird.

Es ist Spätherbst und bald wird es Toter Herbst sein. Die Tage nehmen rasch ab, der Abend bricht früh herein und das Wachsen der Nächte wird sich fortsetzen bis zur Wintersonnenwende, 21. Dezember.

Festgeheimnis von Allerheiligen

Allerheiligen ist wie ein großes Erntedankfest; eine „Epiphanie von Pfingsten" wurde es auch genannt. Noch ist die Ernte nicht beendet, aber Allerheiligen richtet unseren Blick auf die Vollendung, auf das große Ziel, für das Gott uns geschaffen hat. Noch seufzen wir unter der Last der Vergänglichkeit, aber es trägt uns die Gemeinschaft der durch Gottes Erwählung Berufenen und Geheiligten. Die Hoffnung treibt uns an, dass auch wir zur Freiheit und Herrlichkeit der Kinder Gottes gelangen mögen.

Eine Wolke von Heiligen

Wir gedenken der großen Heiligen, der vielen Unbekannten, Bekenner, Märtyrer, Priester und Laien, Päpste und Könige, Väter und Mütter, unvorstellbare Scharen. Unsere Generation erlebte durch den heiligen Papst Johannes Paul II. so viele Heiligsprechungen, Menschen, die wir selbst noch gekannt haben. Am Fest aller Heiligen gedenken wir aller, eben auch der vielen Unbekannten. Zur Erinnerung: Jeder von uns ist zur Heiligkeit berufen. Ein Heiliger ist ein Liebender, riecht nach Gott, hat Atmosphäre, strahlt aus.

Geschichte des Allerheiligenfestes

Allerheiligen geht auf das 4. Jhd. zurück. Ephraim der Syrer und Johannes Chrysostomus kennen bereits ein Fest aller heiligen Märtyrer. Es wurde am 13. Mai oder 1. Sonntag nach Pfingsten gefeiert und heißt im griechischen Kalender heute noch Sonntag der Heiligen. Im römischen Kalender wurde dieses Fest aller heiligen Märtyrer am 13. Mai 609, anlässlich der Einweihung des römi-

schen Pantheons zu Ehren der seligen Jungfrau Maria und aller heiligen Märtyrer gefeiert. Das Fest aller Heiligen, nicht bloß der Märtyrer, am 1. November kam im 8. Jhd. aus Irland und England auf den Kontinent und hat sich bald allgemein durchgesetzt.

Freut euch alle im Herrn am Fest aller Heiligen.
Mit uns freuen sich die Engel und loben Gottes Sohn.

Eröffnungsvers am Fest Allerheiligen

Allerseelen passt gut dazu

Es ist ein urmenschliches Bedürfnis aller Kulturen, der Toten zu gedenken. Seit dem 2. Jhd. sind Gebete für Tote nachzuweisen und das Gedenken fand bald Eingang in die Eucharistie. Das Gedächtnis am 3., 7., 30., und 40. Tag nach Beisetzung eines lieben Toten und das entsprechende Jahresgedächtnis wurden von der jungen Kirche übernommen. Der große Abt Odilo von Cluny (994–1084) ordnete für den 2. November ein festliches Gedächtnis aller Toten (für seinen Klosterverbund) an. Die ins 15. Jhd. zurückreichende Gepflogenheit, die es dem Priester an diesem Tag gestattete, drei heilige Messen zu zelebrieren (was ansonsten nur am Weihnachtstag gestattet war), wird 1915 auf die ganze Kirche ausgedehnt.

Es ist gut, dass die Pfarrgemeinde auch der (vergessenen) Toten gedenkt. Gebete und die Feier der Eucharistie für die Toten, sollen helfen, dass die Verstorbenen durch die Läuterung (Fegefeuer), ihre Vollendung in Gott finden. Dabei ist auch der Gedanke an den eigenen Tod gegenwärtig. Dieses eigene „Memento mori“ soll nicht von Angst, als vielmehr von Furcht getragen sein. Die Kirche hat im neuen Ritus das überaus ernste „dies irae, dies illa“ (Tag des Zornes) nicht mehr übernommen. Der Tag soll von gläubiger Auferstehungshoffnung getragen sein.

Siehe: Christliches Brauchtum, H. Kirchhoff

Gemeinsames Heiligen- und Totengedenken

- Gräber schmücken mit Chrysanthemen, Weihwasser und Licht
- Gemeinsamer Kirchgang, auch hier schenkt uns die Kirche einen freien Tag
- Namentliche Nennung aller in diesem Jahr Verstorbenen in der Kirche
- Wiederholter Friedhofbesuch in dieser Woche und **Allerseelenablass**▸
- Anschließendes Verwandtentreffen, denn es kommen die Verwandten aus Nah und fern ohne eigens getroffene Vereinbarung. Eine Tradition daraus machen.

Allerheiligen und Allerseelen in der Hauskirche

Der Monat November leitet über in die dunkelste Zeit des Jahres. Es ist klug, die Lebensweise dem Rhythmus der Natur anzupassen, es dunkel werden zu lassen und nicht wieder lärmend und grell. Auch aus diesem Grund ist das Halloween-Spektakel eine Störung im natürlichen Rhythmus.

Wie beruhigend ist das Totengedenken der Kirche und das wunderbare Fest Allerheiligen: Erinnerung an die, die uns voraus gegangen sind und Vorfreude auf das Ziel, auf das auch wir zugehen? Bei der Beliebtheit

so vieler Heiliger ist es verwunderlich, dass das Fest Allerheiligen kein genuines Brauchtum hervorgebracht hat, während Allerseelen einen erstaunlichen Reichtum aufweisen kann.

Hausaltar zu Allerheiligen und Allerseelen

- Liturgische Farbe: Weiß mit Gold zu Allerheiligen
- Schwarz mit Gold zu Allerseelen
- Bild der zuletzt verstorbenen Familienmitglieder im Wechselrahmen am Hausaltar
- Chrysanthemen mit ihren schönen Farben und dem herben Geruch

Schöne Traditionen – persönlich und familiär

- Beichte, um den Allerseelen-Ablass empfangen zu können
- Bei Einbruch der Dunkelheit, am Vorabend, Kerzen in die Fenster stellen: „Die Heiligen sind wie glühende Funken auf dem Stoppelfeld“ (Off)
- Vorbereiten mit Schott oder Stundengebet
- Katechese vom Tod und Leben danach, **KKK**▸ und **Sonntags-Schott**▸
- Verkleiden als Lieblingsheiliger ohne in Kitsch oder Fasching abzugleiten!
- Geschichte eines der vielen Heiligen erzählen oder vorlesen
- Allerheiligenwecken, das beliebte Patengeschenk, eigentlich ein Allerseelen-Brot
- Nussgebäck – Totenbeinchen genannt (siehe **Scavi Petri**▸ in Rom)

Die „Friedhof-Trösterin“

„Damals, als mein Vater starb und das Grab noch frisch war, kamen erfahrene Witwen bei ihrem Friedhofbesuch auf meine Mutter zu. Sie sprachen mit ihr, fragten nach, erzählten von sich selbst und hörten zu. Einige Zeit später wurde auch aus meiner Mutter eine Friedhof-Trösterin. Die Gespräche mit den Hinterbliebenen ergaben sich beim Blumengießen, Kerzenanzünden, Unkrautzupfen von selber. Immer wieder haben die Getrösteten gesagt, wie gut ihnen das Zuhören und Reden getan hat“.

Erzählt von einer Frau, die selbst jetzt Friedhoftrösterin ist

Vater zeigte uns jedes Jahr den Allerheiligen Friedhof

„Unvergesslich, wie der Vater uns Kinder jedes Jahr am Allerheiligenabend nach der Stallarbeit in den Garten hinaus führte und uns den Friedhof aus der Entfernung zeigte. Es lag ein Lichterfunkeln und ein unbeschreiblicher Friede über dem Friedhof. Dann erzählte er von den vielen Menschen, die er gekannt hatte und die nun schon tot sind.“

Der Allerseelenablass▸

Vom 1. bis 8. November kann der Ablass täglich für die Verstorbenen gewonnen werden.

Allgemeine Bedingungen: Beichte, Abkehr von Sünde, Kommunionempfang, Gebet auf Meinung des Heiligen Vaters.

Besondere Bedingungen: Friedhofbesuch und Gebet für die Verstorbenen vom 1. November 12 Uhr mittags bis 8. November, dazu Besuch einer Kirche oder öffentlichen Kapelle und beten des Vater Unser, des Credo und des Ehre sei dem Vater.

Allerheiligenstriezel

Süßer Germzopf: In früheren Jahrhunderten zogen die Armen von Haus zu Haus und baten um die süße Gabe. Die Brotspende wurde dem Andenken der Toten gewidmet. Die Form des Striezels basiert auf einem abgeschnittenen geflochtenen Haarzopf, der in der Antike Ausdruck von Trauer war. In vielen Regionen Österreichs ist es heute noch Brauch, dass die Taufpaten ihren Patenkindern einen solchen Allerheiligenstriezel schenken.

Mehr dazu in: www.freilichtmuseum.at

Wichtige Feste im November

- Weihetag der Lateranbasilika, 9. November
- Hl. Martin, 11. November
- Kirchweihe St. Peter, in Rom, 18. November
- Hl. Katharina, 25. November: Kathreintanz
- Letzter Sonntag: Christkönigsonntag

HOLY-ween: Nacht der Heiligen – ausverkauft in Rom

Verona 2006: Auf Initiative von Sentinello, einer italienischen Jugendbewegung zur Neuevangelisierung, schmücken seit 2006 in der Nacht vor Allerheiligen die Fassaden jeder Kirche Heiligenbilder. Die Schönheit der Heiligen wird als Akzent gegen das Toben der Fratzen und Masken eingesetzt.

Rom, 31. Oktober 2013: Im römischen Viertel „Appia Latino“ finden sich in der Nacht vor dem Allerheiligentag etwa 1000 junge Menschen ein. Es

handelt sich dabei nicht um eine Diskothek oder Halloween-Feier, sondern um etwas völlig anderes: Treffpunkt ist das der Allerheiligenkirche nahe Theater „Orione“. Dort gibt es dann Konzerte, Zeugnisse und Anbetung. Es ist eine Aktion gegen das heidnische Treiben und reagiert mit einer Botschaft des Lichtes und des Lebens: Die Botschaft des Evangeliums Jesu Christi.

Gebete und Stoßgebete für die Toten
Herr, gib ihnen die ewige Ruhe und das ewige Licht leuchte ihnen,
lass sie ruhen in Frieden. Amen.

Die Große oder Allerheiligenlitanei, GL 974
Ihr Freunde Gottes, Lied, GL 542

Russisches Gebet
Still sind die Gräber und die Seelen sind in Gottes Hand.
Man spürt die Blicke der Liebe aus der anderen Welt.
Herr, ewige Sonne, erwärme und erleuchte die Wohnungen der Verstorbenen.

Christliche Benimm-Kultur
Der Friedhof ist ein geweihter Ort, wo man sich entsprechend benimmt. Kein Herumlaufen, laut reden, Kreuzzeichen beim Betreten, Weihwasser für die Toten, bestimmtes ***Gebet für die Toten*** *mitbeten, schweigen und nicht schwätzen!*

Biblische Bild-Sprache über die Gerechten

- „Zur Zeit der Heimsuchung werden sie aufleuchten wie Funken“ Weis 3,7

- „Dann werden die Gerechten leuchten wie die Sonne im Reich ihres Vaters“ Mt 13,43
- „Da werden die Einsichtigen leuchten wie der Glanz des Firmaments und die, welche viele zur Gerechtigkeit geführt, leuchten wie die Sterne in alle Ewigkeit“ Dan 12,3
- „Sie standen in weißen Gewändern vor dem Thron“ Off 7,9
- Die Gebete der Heiligen sind Schalen für Räucherwerk
- Die 144.000 Gerechten mit Palmzweigen in den Händen
- Sein Name ist auf ihren Stirnen geschrieben.

Das sind nur einige der Bilder, wie die Heilige Schrift von den Heiligen spricht. Es lohnt, nachzulesen in Schrift und Katechismus KKK

Allerseelenbrauch auf der Tiberinsel in Rom

In Rom kam dem Totengedenken immer schon große Bedeutung zu. Viele Orte in der Ewigen Stadt, Tempel, Kirchen, Katakomben und Friedhöfe (Gottesäcker), geben bewegendes Zeugnis von der sogenannten „cura“, der Sorge der Römer für die Verstorbenen.
Ein bemerkenswerter unterirdischer Friedhof befindet sich auf der Tiberinsel. Man gelangt dorthin durch die Kirche San Bartholomäus. Eine Treppe führt den Besucher tief hinunter auf die Höhe des Tibers. Hier wurden jene beigesetzt, die Wegelagerern und Räubern zum Opfer fielen, im Tiber ertranken oder durch Seuchen hinweggerafft wurden. Um diesen Friedhof nahm sich eine Bruderschaft an. Er wurde 1836 auf Anordnung Gregors XVI. geschlossen, da er bei Überschwemmungen immer wieder

unter Wasser gesetzt wurde.
Am Abend des Allerseelentages sammeln sich die Mitglieder der Bruderschaft Sacconi Rossi (wegen ihrer roten Kapuzengewänder, die sie bei religiösen Zeremonien tragen) auf dem Vorplatz der Kirche. Unter frommen Gesängen ziehen sie zum Gotteshaus und steigen im Schein von Fackeln und Wachskerzen zu dem kleinen Gottesacker hinunter.

DT 2. 11. 2006

Exkurs zu Halloween

Was Halloween ist, lässt sich gar nicht so leicht sagen. Es wird mit englischsprachigen Ländern in Verbindung gebracht, mit mythischen Wurzeln, Geistertreiben und Kult der Kelten. Verkleidet ziehen die Kinder am Vorabend von Allerheiligen von Haus zu Haus und betteln um Süßigkeiten. Angesichts dieser seichten Auskünfte fragt man sich, warum Halloween so anziehend ist: „Ein Geist war an meiner Tür", meinen Kinder und Jugendliche, die sonst „aufgeklärt" sind.

Zeichen der Zeit!

Halloween findet getauftes Heidentum und leere Bräuche vor, wir sollen deshalb:

- Die katholischen Feste wieder pflegen
- Neues, sinnvolles Brauchtum entfalten. Auch Allerheiligen und Allerseelen haben Bräuche, Riten und Sakramentalien, welche die Sehnsüchte des Menschen ansprechen, etwa die Dunkelheit, das zu Ende gehende Jahr und die Erinnerung, dass einmal unser letzter Tag kommen wird und das Leben danach beginnt
- Defizite in der Verkündigung über das Leben nach dem Tod aufholen
- Kontrastkultur: Einhalten von Zeiten, wo lärmendes Treiben nicht passt. Die Zeit um Allerheiligen und Allerseelen ist, schulisch, pädagogisch Hochsaison. Die Pädagogen plädieren, endlich eine ruhige Zeit einzulegen, entgegen der ganzen Event-Diktatur

Bitte kein Halloween!

„Auch wir Alten und Altmodischen hatten ausgehöhlte Rüben mit Lichtern, grausige Masken und die entsprechenden Volksbräuche. Dennoch gab es einen Unterschied zu Halloween: Das frühere Brauchtum war auf den Sieg des Lichtes über die Finsternis ausgerichtet und erst recht war der Krampus dem Nikolaus untertan und zu Diensten. Das Helle und das Gute waren bestimmend und siegreich über die Mächte des Bösen und der Finsternis. Heute hingegen ‚feiert' man Hässlichkeit um ihrer selbst willen. Man behauptet, nicht an den Teufel zu glauben, aber man weidet sich an seiner Fratze, will das Grausige und Grausliche wenigstens anschauen. Ob man sich damit nicht doch die Ängste zurückholt, die sich sogar im Begriff ‚Heidenangst' niedergeschlagen haben? Ängste, die kommen, wenn der Glaube fehlt. Und umgekehrt: Wie beruhigend ist das Totengedenken der Kirche und das wunderbare Fest Allerheiligen: Erinnerung an die, die uns voraus gegangen sind und Vorfreude auf das Ziel, auf das auch wir zugehen? Halloween ist nicht der Weltuntergang, aber ohne diesen Unsinn und seine Fratzen wäre die Welt schöner!"

Weihbischof A. Laun, Rupertusblatt, Allerheiligen 2007

18

Christkönig und Ende des Kirchenjahres

Der letzte Sonntag des liturgischen Jahres hat den erhabenen Titel: Hochfest unseres Herrn Jesus Christus als König des Universums. Er regiert über ein Königreich, das kein Ende haben wird.

Der 34. Sonntag hat mehrere Namen und Bedeutungen

- Christkönigsonntag: Die Liturgie stellt uns Christus als König und Richter vor.
- Bekenntnissonntag: Früher öffentliches Bekenntnis der Jugend zu Christus.
- Ewigkeitssonntag: Letzter Sonntag – des Jahres, – des Lebens und – der Zeit.

König – Die politische Sprache versperrt uns den einfachen Zugang. Wir hören König und denken an den ganzen Apparat der Macht oder auch Ohnmacht, wie ihn manche Herrscher dieser Welt missbrauchten. Braucht Christus, um König zu sein, eine reiche und mächtige Kirche, eine mächtige Organisation?

Doch, Christus ist ein König, der misshandelt und ans Kreuz geschlagen wurde, damals und immer. Er stieg nicht vom Kreuz herab, er starb zwischen Himmel und Erde. Er ist König, nicht trotzdem, sondern gerade durch das Kreuz. Durch ihn haben wir die Erlösung, die Versöhnung mit Gott, Freiheit und Frieden.

Christkönig noch zeitgemäß?

Papst Benedikt XVI. sagte 2006. „Heute, am letzten Sonntag des liturgischen Jahres, feiern wir das Hochfest unseres Herrn Jesus Christus, König des Universums. Seit der Ankündigung seiner Geburt wird der einzige Sohn des Vaters, der von der Jungfrau Maria geboren wurde, im messianischen Sinn König genannt. Gemäß den Versprechungen der Propheten ist er Erbe des Thrones David und regiert über ein Königreich, das kein Ende haben wird (vgl. Lk 1,32-33).

Das Wort vom Königtum Christi spricht nur ungenügend die Wirklichkeit aus. Gemeint ist der absolute Vorrang Christi. Alles wurde durch ihn geschaffen und hat durch ihn Bestand. Christus ist Mensch geworden, gestorben, auferstanden. Durch ihn ist der Sinn dieser Welt sichtbar und ihr Ziel erreichbar geworden. Er hat die Menschheit in die Ordnung Gottes

zurückgeholt. Wenn diese Bewegung der Rückkehr einmal vollendet ist, dann wird das Königtum Christi als die rettende Macht sichtbar und er selbst wird als der mächtige Retter, Richter und Herrscher offenbar werden".

Der Widerspruch

Der Großinquisitor: „Hättest du Krone und Schwert genommen, so hätten sich dir alle freudig unterworfen. In einer einzigen Hand wäre die Herrschaft über die Liebe und die Seelen vereint und das Reich des ewigen Friedens wäre angebrochen ... Du stiegst nicht herab vom Kreuz, als man dir es mit Spott und Schande zurief und meinte, Du wärst doch Gottes Sohn! Du stiegst nicht herab, weil du die Menschen nicht durch ein Wunder zu Sklaven machen wolltest, weil dich nach freier und nicht erzwungener Liebe verlangte ... Hättest du das Schwert und den Purpur des Kaisers angenommen, so hättest du die Weltherrschaft begründet und der Welt den Frieden gegeben. Denn, wer sonst sollte über die Menschen herrschen, wenn nicht diejenigen, die ihr Gewissen und ihr Brot in der Hand haben".

F. Dostojewskij, Die Brüder Karamasow, Der Großinquisitor

Christkönig-Sonntag
ist ein Ideenfest, das Pius XI. 1925 zum Andenken an das 1600-jährige Jubiläum des Konzils von Nizäa, 325, eingeführt hat. In Anbetracht der in Europa zerfallenden Monarchien bürstete der Papst bewusst gegen den Strich: Die Anerkennung des Königtums Christi in der aktuellen Zeit hatte demonstrativen Charakter. Ursprünglich wurde das Fest am letzten Sonntag im Oktober gefeiert. Als die Nationalsozialisten den Dreifaltigkeitssonntag mit dem Reichssporttag belegten – er war der Bekenntnistag der katholischen Jugend, die mit persönlicher Präsenz und Fahnenabordnung öffentlich ihren Glauben demonstrierte – wurde das Treuebekenntnis der Jugend auf den Christkönigsonntag verschoben. Noch in der Nachkriegszeit war dieser Tag von Bekenntnisfeiern geprägt.

Aus: Feste, Feiern, Jahreszeiten, M. Becker-Huberti

Christkönig in der Hauskirche

Es findet sich kein originelles Brauchtum für Christkönigsonntag und die letzte Woche im liturgischen Jahr. Wir sollen gutes Brauchtum schaffen für Hauskirche, Lebensweise, Hausaltar und Familientisch. Wir sollen wieder einen Bekenntnissonntag schaffen.

Der letzte Sonntag im Kirchenjahr
mahnt an das zweite Kommen Christi. Diesmal sichtbar für alle, als König und Richter, am Ende der Zeit, am Jüngsten Tag. Er erinnert an die wirklich kommenden dramatischen Ereignisse, Weltgericht, Auferstehung der Toten, Posaunenschall, endgültige Entscheidung, Ewigkeit, die vier Letzten Dinge: Tod, Gericht, Himmel, Hölle.

Allmächtiger, ewiger Gott, du hast deinem geliebten Sohn alle Gewalt gegeben im Himmel und auf Erden und ihn zum Haupt der neuen Schöpfung gemacht. Befreie alle Geschöpfe von der Macht des Bösen, damit sie allein dir dienen und dich in Ewigkeit rühmen. Darum bitten wir durch Christus, unseren Herrn. *Tagesgebet des Christkönigsonntags*

Lebensweise zum Abschluss des Kirchenjahres

- „Letzte Vergnügungen", Tanz und Geselligkeiten vor Advent
- 25. November, Kathreintanz: Kathrein sperrt den Tanz ein
- Einladungen der Familien und Freunde jetzt statt im Advent
- Ebenso Betriebsfeiern und lärmende Veranstaltungen hier
- Aufbrauchen jener Genussmittel, worauf im Advent verzichtet werden sollte
- Cäcilia: Patronin der Kirchenmusik, Chorprobe und gemütlicher Ausklang

Familientisch – Brauchtum – Gebilde – Blumen

- Gebildebrot: Kronen aus Germteig
- Nicht „bestes", sondern „traditionelles" Festessen
- Letzten Wein, ev. den Johanneswein, sofern er nicht schon aufgebraucht ist
- Letzte laute und lustige Musik vor Advent

Hausaltar zu Christkönig

- Liturgische Farbe: rot, steht für Christkönig
- Wechselrahmen: Christus als König; Anbetung des Lammes; Richter der Welt
- Gekreuzigter Christus mit Krone/Diadem und roter Umhang
- Eigene rote Kerze mit Krone

Eigene Gebete – Lieder und Rufe

- Rosenkranz mit eigenen Anrufungen (nach R. Guardini)

Jesus, der wiederkommen wird in Herrlichkeit
Jesus, dessen Reich kein Ende haben wird

- Lieder aus dem Gotteslob:

Komm, Herr Jesus zur Erde
Der Herr bricht ein um Mitternacht
Komm, Herr Jesus, führ die Welt zum Ende
Du mein Heiland, hoch und hehr
Christus Sieger, Christus König, Christus – Herr in Ewigkeit
Christus gestern, Christus heute, Christus – Herr in Ewigkeit
Christus, wir rufen zu dir

Lebendige Erinnerungen

Die dramatischen Lesungen und Predigten vom Ende der Welt an den letzten Sonntagen im Kirchenjahr waren anschließend Thema am Familientisch. Nicht Angst, sondern eine gewisse heilsame Ehrfurcht wurde vermittelt. Unproblematisch kindlich-philosophisches Verstehen wuchs.
So erinnere mich noch gut an meinen Schulaufsatz im Herbst zum Thema: „Werden und Vergehen in der Natur". Ich schloss ab mit den prophetischen Worten aus der Offenbarung des Johannes: Die Welt wird vergehen und Gott wird aus den Trümmern eine neue schönere Welt bauen. Der Lehrer lobte den Aufsatz einer 14-jährigen Schülerin und las ihn der Klasse vor, weshalb mir vermutlich das Ereignis in Erinnerung blieb.

Bekenntnislied der Katholischen Jugend
Weihe an Christus den König

1. Lasst die Fahnen wehen, über unseren Reihen.
Alle Welt soll sehen, dass wir neu uns weihen.
Kämpfer zu sein für Gott und sein Reich,
mutig und freudig den Heiligen gleich.
Refrain: Wir sind bereit, rufen es weit,
Gott ist der Herr auch unserer Zeit.
2. Christi Zeichen tragen unsre Sturmenfahnen.

Mutig woll'n wir's wagen,
uns den Weg zu bahnen.
Durch eine Welt voll Lüge
und List, bis dann der Sieg
uns beschieden ist.
Wir sind bereit ...
3. Niemals wir erliegen,
feindlichen Gefahren:
Christus führt zum Siege,
seiner Kirche Scharen.
Geht auch der Weg durch Nacht und durch Not,
uns leuchtet sieghaft das Morgenrot.
Wir sind bereit ...

Wichtige Heiligenfeste in dieser Zeit

- 5. November: Hl. Leonhard
- 9. November: Kirchweihfest der Lateranbasilika
- 11. November: Hl. Martin mit Laternenumzügen
- 22. November: Hl. Cäcilia, Märtyrerin, Patronin der Kirchenmusik
- 25. November: Hl. Katharina v. Alexandria: „Kathrein sperrt den Tanz ein"

Die Heilige Katharina, mit dem zerbrochenen Rad als Attribut gehört zu den „drei heiligen Madln", oder „Die drei heiligen Jungfrauen" mit Margaretha und Barbara und zu den vierzehn Nothelfern. Über ihr Leben sind bloß Legenden bekannt. Sie soll im vierten Jhdt. als Märtyrerin gestorben sein. Ihre Verehrung hat besonders bei den Bauern ihren Niederschlag gefunden: Am 25. November endete die Weidezeit und die Schafschur begann. Die Mägde und Knechte erhielten ihren Lohn und konnten den Dienstherrn wechseln. Am Abend des Tages fand der Kathreintanz statt, einer der Höhepunkte des Jahres.

Und wieder geht ein Jahr zu Ende – Schwelle zum Advent

- Herbststräucher aus der Wohnung entfernen, ab Advent gilt Tannenreis
- Königlich essen und trinken, Tanz zu Kathrein
- Küche und Lebensweise einstimmen auf Advent
- Gute Beichte, fällt leicht in Anbetracht der Lesungen zur Wiederkunft Christi
- Testament „geistlich weiterschreiben" wie Johannes Paul II. es jährlich tat
- Neue Leseordnung in Schott und Stundengebet.
- Rosenkranz gemäß der Advent-Ordnung
- Entsprechende Gebet-, Andacht- und Liederbücher bereiten
- Adventkranz richten – liturgisch richtig: selber den Kranz zu binden
- Leere Krippe richten, die im Lauf des Advents katechetisch gefüllt wird

Germteigrezept

für Königskronen, verziert mit kandierten Früchten.
50 dag Mehl, ¼ l Milch, 6 dag Zucker, 8 dag Butter, 2 Dotter, 2 dag Germ, 5 dag Rosinen, 1 Ei zum Bestreichen, kandierte Früchte als „Edelsteine".
Zubereitung: Germ als Dampferl ansetzen, wenn es aufgegangen ist, schüttet man es zum erwärmten Mehl, fügt die übrigen Zutaten bei und schlägt den Teig gut durch, den Teig an warmem Ort aufgehen lassen. Kronen formen oder ausstechen, mit kandierten Früchten und Herzkirschen verzieren und backen.

Abkürzungsverzeichnis

KKK	Katechismus der Katholischen Kirche
K	Kompendium zum KKK
FC	Familiaris Consortio, Papst Johannes Paul II., Nachsynodales Schreiben über die Aufgaben der christlichen Familie in der Welt von heute, 1981
GL	Gotteslob, Katholisches Gebet- und Gesangbuch 2015 veränderte Neuauflage in Planung
So-Sch	Sonntags-Schott, das Messbuch der Kirche für Sonn- und Feiertage
Wo-Sch	Wochentags-Schott, Messbuch der Kirche für die Wochentage
St-Bu	Stundenbuch der Kirche: Advent und Weihnacht; Fasten- und Osterzeit; Grüne Zeit
DT	Die Tagespost

Glossar – Begriffe

Ablass: Der Erlass einer zeitlichen Strafe vor Gott für Sünden, die hinsichtlich der Schuld schon vergeben sind. Einen Ablass erlangt der Gläubige unter bestimmten Bedingungen für sich oder für die Verstorbenen. Er erlangt sie durch den Dienst der Kirche, die als Vermittlerin der Erlösung den Schatz der Verdienste Christi und der Heiligen austeilt (Kompendium Nr. 312).

Angelus: Siehe Engel des Herrn.

Apostolisches Schreiben: Rundschreiben der Päpste, die unregelmäßig zu bestimmten Anlässen und Themen in die ganze christliche Welt geschickt werden.

Benediktionale: Das Benediktionale ist das offizielle kirchliche Segensbuch.

Engel des Herrn oder Angelus: Jenes Gebet, in dem der Engel Gabriel an Maria die Botschaft von der Menschwerdung bringt, Maria sagt Ja, Gott wird Mensch. Es ist das wichtigste Ereignis der Weltgeschichte, die Erlösung durch Christus. Deswegen beten gläubige Katholiken dieses Gebet dreimal am Tag, erinnert durch Glockengeläut: morgens, mittags und abends (GL Nr. 2,7 oder Kompendium S. 216).

Epiphanie oder Erscheinung des Herrn: Bei der Epiphanie wird der König und Messias Israels allen Völkern offenbar. Wir feiern Erscheinung des Herrn am 6. Januar.

Engelamt: So wird die zweite Liturgie von Weihnachten genannt gemäß der Verkündigung durch die Engel (die dritte an die Hirten, die vierte an die Völker, an uns). Mancherorts wird die **Rorate**▸ so genannt, gemäß dem Engel des Herrn, ein wichtiges Gebet im Advent.

Eingangsvers: So heißt der Psalmvers zu Beginn der Hl. Messe, er gibt irgendwie den Ton der Liturgie an.

Fastenbrechen: Unterbrechen des Fastens zum Beispiel am Sonntag Gaudete (3. Adventsonntag) und Sonntag Laetare (4. Fastensonntag).

Fastenkrug oder Schachtel, wo die Opfergaben aufbewahrt werden. Materiell: Verzichtete Genüsse in der Fastenzeit; oder geistig: etwas, das mir schwer fällt, opfere (schenke) ich Gott für ein bestimmtes Anliegen.
Fastenkrippe analog der Weihnachtskrippe, wo Leiden, Sterben und Auferstehen Christi figürlich dargestellt und katechetisch begleitet wird.
Fest: Siehe Hochfest.
Gaudete oder dritter Adventsonntag: Gaudete heißt Freude, gemäß dem Eingangsvers: Freuet euch, denn der Herr (Weihnachten) ist nahe. Liturgische Farbe ist Rosa
Gebildebrot: Bezeichnung für Gebäcke zu bestimmten (religiösen und festlichen) Anlässen in bestimmten Formen. Die Backwaren werden nach einem bestimmten Rezept in einer bestimmten Form (Symbole, Ornamente, Heilige) zu einer bestimmten Zeit oder einem Anlass, gemäß Tradition gebacken, verschenkt und verzehrt.
Grüne oder gewöhnliche Sonntage: Alle Sonntage außerhalb des Weihnachts- und Osterfestkreises. Die Liturgische Farbe der **Paramente**▸ ist Grün. (Mehr dazu in Die Kirche erwacht S. 94 ff.)
Hausaltar: Herrgottswinkel oder Gebetsecke.
Hauskirche: Bezeichnung für eine christliche Familie, auch „Kirche im Kleinen".
Hochfest: Liturgische Bezeichnung für große Feste im Kirchenjahr, zum Beispiel Weihnachten, Epiphanie, Ostern, Pfingsten, Marienfeste. Den Hochfesten stehen die Feste gegenüber. Andere Tage werden als Gedenktage bezeichnet.
Herbergsuche des Heiligen Paares
Katechese/Katechetische Schritte: Katechese ist das alte Wort für Glaubensunterweisung.
Kirchengebot: Ist ein Gebot (oder Weisung) der Kirche, sie will uns mit ihren Weisungen helfen, in der Gnade zu verharren. Wir kennen fünf: Feiere den Sonntag als Tag des Herrn; Eucharistiepflicht an Sonn- und Feiertagen; Freitagsopfer; wenigstens einmal im Jahr Verpflichtung zu Beichte und Kommunionempfang; die Kirche mit Geld unterstützen (siehe GL Nr. 67).
Kontrastkultur: Alles hat seine Zeit (Kontrast): Sommer – Winter, Tag – Nacht, Fasten – Feiern, Sonntag – Wochentag und dementsprechende Lebensweise (siehe Seite 20)
Konfessio: Übersetzt Bekenntnis, Konfessio wird die Nische im Petersdom, Rom, unterhalb des Hauptaltares, genannt. Ganz in der Nähe dieser Nische ist das tatsächliche Grab des hl. Petrus. Er hat seinen Glauben mit dem Martyrium bekannt, deshalb Konfessio.
Laudes: Morgengebet der Kirche aus dem Stundengebet. Für den Klerus verpflichtend, seit dem II. Vatikanischen Konzil den Laien, besonders den Familien, sehr empfohlen.
Liturgie: Der öffentliche und allgemeine Kult, den das Volk Gottes zur Verehrung Gottes feiert, dazu gehören wesentlich die Eucharistiefeier, alle anderen Sakramente und das Stundengebet.

Liturgisches Jahr oder Kirchenjahr: Wie die Natur im Lauf eines Jahres ihr Leben erst voll entfalten kann (keimen, blühen, wachsen, reifen) so auch das Jahr der Gnade. Im Liturgischen Jahr feiert die Kirche das ganze Mysterium Christi, von der Inkarnation bis zur Wiederkunft in Herrlichkeit. An bestimmten Tagen verehrt die Kirche mit besonderer Liebe Maria, die selige Gottesgebärerin, und feiert auch das Gedächtnis der Heiligen, die für Christus gelebt, mit ihm gelitten haben und mit ihm verherrlicht werden. Kompendium des KKK, Nr. 242

Laetare oder vierter Sonntag in der Fastenzeit: Freudensonntag mit Fastenunterbrechung. Laetare heißt Freude, Freue dich Stadt Jerusalem, heißt es im Eingangsvers der Liturgie.

Lebensweise (adventliche): Lebensstil gemäß einer bestimmten Zeit (Fest oder Fastenzeit) und einem Lebensstand.

Liturgische Farbe: Die Liturgie feiert mit allen Sinnen. Farben lassen das Herz festlich werden, sprechen Gemüt und Verstand an und unterstützen die Liturgie, sie sind Katechese und Symbolik an sich. Zeiten und Feste, Farben und Bedeutung siehe S. 17.

Mittebrauch: auch „Hauptbrauch", etwa der Adventkranz im Advent.

Mysterium (der Menschwerdung Gottes): Mysterium bedeutet Geheimnis, den Glauben betreffend Glaubensgeheimnis. Geheimnis deshalb, weil es unseren Verstand oft übersteigt. Wir glauben es, weil die Kirche uns vorgibt, es zu glauben.

Novene: Das Wort ist abgeleitet von der lateinischen Zahlenbezeichnung novem (= neun). Dieses Neun-Tage-Gebet ist biblisch begründet (Apg 1, 1-14). Die Urform ist die Pfingstnovene von Christi Himmelfahrt bis Pfingsten.

O-Antiphonen: Besondere Liturgie im Advent, wo den Anrufungen zur Verstärkung ein O vorausgeht: O Weisheit, Adonai (= Herr), O Wurzel Jesse, O Schlüssel Davids, O Aufgang (Glanz der Ewigkeit), O König der Völker, O Immanuel (Gott mit uns). Siehe auch GL 112 u. 772. Diese Anrufungen sind Titel, die im Alten Bund dem Messias gegeben werden.

Oktav: Bedeutet die Zahl acht. Acht ist sieben plus eins. Sieben ist die Zahl für irdische Vollendung, acht geht darüber hinaus und ist die Zahl der Ewigkeit. Manche Hochfeste und Feste werden acht Tage lang gefeiert.

Opfer bringen: Etwas tun, das mir schwerfällt, aus Liebe zu Gott.

Oration oder Schlussoration: Gebet und Schlussgebet der Liturgie oder eines allgemeinen Gebetes.

Paramente: Bekleidung des Priesters bei der Feier der Liturgie, einschließlich der Altarwäsche sind sie nicht nur kostbar und schön, sondern sind in den jeweiligen liturgischen Farben gehalten. Sie sind geweiht und für den sakralen Bereich ausgespart.

Patrozinium: Das Wort kommt von Patron. Es ist der Festtag des jeweiligen Heiligen, auf dessen Namen eine Kirche geweiht ist. Ein bekannterer Name für Patrozinium ist Kirchweihtag.

Pallium: Jenes schmale Schultertuch, das der Papst und die Erzbischöfe in Einheit mit ihm tragen. Es wird aus der Wolle von Schafen verarbeitet und am Grab des Hl.

Petrus aufbewahrt als sogenannte Berührungsreliquie, bevor sie den Erzbischöfen überreicht wird.

Quatember oder Liturgische Jahreszeiten: Auch das Kirchenjahr hat quasi Jahreszeiten, Quatember genannt (quattro heißt vier). Quatember sind alte Bitt- und Danktage, nicht „abgeschafft", sondern „bloß" vergessen.
Mehr dazu im GL Nr. 102.

Raunächte: Herkunft und Art der Rau- oder Rauchnächte ist umstritten, unklar auch, welche Nächte gemeint sind. Gewöhnlich werden die zwölf Nächte zwischen dem Thomastag und Dreikönig als Rau- oder Rauchnächte angesehen. Es bleibt offen, ob die Aussegnung von Haus und Hof von Anfang an dabei war oder erst durch die christliche Deutung zum christlichen Brauch geworden ist. Haussegnungen werden heute am 24. und 31. Dezember und am Vorabend des Dreikönigtages durchgeführt.

Regina Coeli: Bedeutet Himmelskönigin. In der Osterzeit wird der **Engel des Herrn**▸ mit diesem Gebet ersetzt, GL 8, Grundgebete.

Rorate: Das bedeutet „Tauet gemäß dem alten Adventruf: Tauet Himmel den Gerechten". Gemäß diesem alten Adventruf wird die oft sehr frühe Eucharistiefeier Rorate genannt.

Stammbaum Jesu: Jesus, wahrer Gott und wahrer Mensch hat auch einen menschlichen Stammbaum, wie in Mt 1, 1-17 aufgezählt. In diesem Stammbaum fehlen keine Höhen und Tiefen, des ein menschliche Herzens.

Scavi Petri: Ausgrabungen unterhalb der Petersbasilika in Rom, wo man in der tiefsten Ausgrabungsebene auf das echte Petrusgrab gestoßen ist.

Sonntagspflicht: Eines der fünf Kirchengebote, das an Sonn- und Feiertagen zum Besuch der Eucharistiefeier verpflichtet. Es ist eine Konsequenz der Liebe zu Gott, denn die Eucharistiefeier ist Höhepunkt allen christlichen Lebens.

Sonntags-Schott: Das Große Messbuch für Sonn- und Feiertage mit den entsprechenden Lesungen der Lesejahre A-B-C. Das Wort Schott ist ein Eigenname, P. Anselm Schott hat es 1884 zum ersten Mal herausgebracht. Es gibt auch den Wochentagsschott.

Te Deum: Ein feierliches Gebet, ursprünglich in Latein mit den Anfangsworten: Dich Gott ... Es wird zu großen und wichtigen Anlässen von der Weltkirche gebetet, z. B. betet es der Papst zur Jahresschlussandacht. Das Gebet gibt es auch in Deutsch im GL 706 oder im Anhang des Kompendium KKK.

Taborfreude: Freude der Verklärung Jesu auf dem Berg Tabor.

Tugend: Feste Grundhaltung, unbedingte Eigenschaften zum freien und starken Menschsein. Es gibt menschliche Tugenden, Kardinaltugenden und Göttliche Tugenden.

Vesper: Abendgebet der Kirche aus dem Stundengebet. Für den Klerus verpflichtend, seit dem II. Vatikanischen Konzil den Laien, besonders den Familien, sehr empfohlen.

Wechselrahmen: Ständer auf dem Hausaltar für Bilder der Feste des Kirchenjahres.

Exkurse

Entwicklung des Kirchenjahres
Weihe an Maria

Entwicklung des Kirchenjahres

Das Liturgische Jahr oder Kirchenjahr beginnt weder mit dem Bürgerlichen Jahr (1. Januar), noch mit dem Jahr der Natur (21. Dezember). Warum beginnt das Kirchenjahr mit Advent und nicht etwa mit Weihnachten, das als Wintersonnenwende im Jahr der Natur und der Zeitenwende durch Christi Geburt geeignet wäre?
Tatsächlich ist Christi Geburt die Zeitenwende. Die Kirche zählt zu diesem Zeitenwechsel das Warten, den Advent, dazu. Heilsgeschichtlich ist der Advent die Zeit des Alten Bundes, ein langes und sehnsuchtsvolles Warten auf den Messias. Der Advent ist die Vorbereitungszeit auf Weihnachten. Das Jahr der Natur – Wintersonnenwende und Kirchenjahr – passen organisch gut zusammen und gehen auch gemeinsam. Das Kirchenjahr beginnt in dunkler Zeit und es wird immer noch dunkler. So kann das Licht seine Faszination entfalten. Mit einer Kerze beginnt der Advent und mit jeder Woche wird es um eine Kerze heller. Wintersonnenwende ist die große Zeitenwende, der helle Lichterbaum und alle Girlanden passen nun exakt. Der Christbaum steht für Jesus, das wahre Licht, das in unsere dunkle Zeit gekommen ist. Die Lichtsymbolik bleibt und setzt sich fort, der Lichterbaum bleibt bis Dreikönig, auch Kleiner Weihnachtsfestkreis, genannt. Die Krippe mit ihrem Licht bleibt bis zum Abschluss des Großen Weihnachtsfestkreises, 2. Februar. Dann gibt es nochmals ein eindrucksvolles Lichtfest: Darstellung des Herrn, Maria Lichtmess, genannt: Alle Kerzen für das liturgische Jahr, für Kirche und Hauskirche, werden geweiht. Diese großartige Lichtsymbolik könnte in keiner anderen Zeit so wirksam sein.
Das Kirchenjahr geht dem bürgerlichen Jahr also voraus. Der Kalender des bürgerlichen Jahres mit seinen zwölf Monaten geht im Wesentlichen auf den altrömischen zurück. Dieser orientierte sich an der Landwirtschaft und begann ursprünglich im März. Die zwei Monate Jänner und Februar zählte man nicht, da es auf den Feldern nichts zu tun gab. Das Jahr endete mit Dezember, latein decem, dem zehnten Monat. Erst im Jahr 153 vor Christus wurden Januar und Februar dazu gezählt. Einige Monate haben einfach eine Nummer: September ist der siebte; Oktober ist der achte; November ist der neunte und Dezember der zehnte. Ein Monat dauerte 29 Tage, das entspricht einem Mondumlauf. Das machte komplizierte Schaltjahrberechnungen notwendig – die Tage wurden dem Februar (als letztem Monat) angehängt. Damit konnte man den Kalender mit dem Sonnenjahr in Einklang bringen.

Um 46 vor Chr. reformierte Julius Cäsar den Kalender tiefgreifend. Er holte sich Rat bei ägyptischen Astrologen – die Ägypter berechneten das Jahr nach der Sonne. Ein Jahr entsprach einem Umlauf der Erde um die Sonne, das heißt 365 Tage. Alle vier Jahre wiederholte sich ein Schaltjahr mit 366 Tagen. Cäsar setzte den Beginn des Jahres auf den 1. Januar fest, jenem Tag, an dem die jährlich gewählten Konsuln ihr Amt antraten. Damit war die Namensgebung „der 7." = September, „der 8." = Oktober, „der 9." = November und „der 10." = Dezember hinfällig. Sie wurden dennoch, wie wir heute noch sehen, beibehalten. Auch die junge Kirche übernahm diesen nach Julius Cäsar, deshalb „julianisch" genannten Kalender. Sie zählte jedoch die Jahre ab Geburt Christi und nicht mehr ab Gründung der Stadt Rom.
Eine letzte Veränderung ergab sich aus der Kalenderreform von Papst Gregor XIII. Er ordnete 1582 die Schaltjahrregelung des julianischen Kalenders neu, sodass die Jahresrechnung nun exakter mit dem astronomischen Sonnenumlauf übereinstimmt. Daraus folgt eine Differenz zum julianischen Kalender von dreizehn Tagen. Die Reform wurde seinerzeit aus protestantischer Sicht schwer akzeptiert, war sie doch von einem Papst eingeführt. Die lutherischen und reformierten Gebiete widersetzten sich zunächst der Einführung des Gregorianischen Kalenders. Bis 1950 waren im Appenzeller Land Kalender verbreitet, die parallel julianische und gregorianische Zeitrechnung führten. Das Brauchtum hat bis heute diese Erinnerung bewahrt. In Urnäsch, Appenzell, wird bis heute das Neue Jahr an zwei Terminen angesungen: Am 31. Dezember und am 13. Januar, dem sogenannten „Altsilvester" des Julianischen Kalenders.

Festlegung des Kirchenjahr-Anfangs

Zunächst bot sich der 6. Januar an, das Fest Erscheinung des Herrn, galt es doch als das Offenbarwerden Gottes in der Welt. An diesem Tag gab der Bischof auch die Termine der beweglichen Feste des Kirchenjahres bekannt, was in Rom bis heute so geschieht. Der 6. Januar wurde „Hochneujahr" genannt, weshalb die Sternsinger bis heute ein gutes Neues Jahr wünschen.
Naheliegender war jedoch, den Kirchenjahrbeginn auf Ostern zu verlegen, dem Höhepunkt des Kirchenjahres. Diese Regelung hätte jedoch einen großen Nachteil: Ostern ist ein bewegliches Fest, wird nicht an einem festen Datum gefeiert, sondern am Sonntag nach dem Frühlingsvollmond und kann auf insgesamt 35 verschiedene Tage fallen. Von einem Osterfest zum anderen gerechnet wären also die Jahre unterschiedlich lang.
Deswegen wählte man vor allem in Deutschland das Weihnachtsfest als Jahresbeginn. Erzbischof Heinrich von Köln legte im Jahr 1310 in seinen Provinzialstatuten ausdrücklich den 25. Dezember als Jahresbeginn fest. Das war insofern konsequent, als auch die Jahre nach Christi Geburt gezählt werden. Die Zisterzienser dagegen, die für ihre Marienverehrung bekannt sind, begannen in ihrem Einflussbereich das Jahr am 25. März, dem Fest Maria Verkündigung. Eine relativ junge Regelung ist dagegen der Beginn des Kirchenjahres am 1. Adventsonntag.

Thomas Steiner, Die Tagespost, 30. 12. 2006

7-Tage-Rhythmus der Woche

Das Vorbild war die jüdische Sieben-Tage-Woche. Außerdem gab es auch astrologische Vorstellungen: Man glaubte, jeder Tag werde von jenem Planeten regiert, der über die erste Stunde des jeweiligen Tages herrschte. Die einzelnen Wochentage wurden deshalb nach den damals bekannten sieben Planeten benannt, die zugleich Götternamen waren: Sonne = Sonntag, Mond = Montag, (Sonne und Mond galten damals als Planeten), Mars = Dienstag, Merkur = Mittwoch, Jupiter = Donnerstag, Venus = Freitag, Saturn = Samstag. In Sonn- und Montag sind Sonne und Mond erkennbar, Dienstag = Thingus. Mittwoch verweist auf den Brauch, die

Tage der Woche durchzuzählen, demnach ist er die Mitte. Im germanischen Raum „sprangen" die germanischen Gottheiten ein: Donnerstag = Donar und Freitag = Freia. Unser Samstag hängt sprachlich mit Sabbat zusammen und der Sonntag mit der Sonne. Er gewann bald eine besondere Bedeutung. Er allein bekam einen neuen Namen und wurde zum Tag des Herrn, Herrentag oder Domenica (Italien und die romanischen Länder).

Aus: Das Kirchenjahr, K.H. Bieritz, S. 37 ff.

Weihe an Maria – Was ist das?

Predigt von Erzbischof Dr. Georg Eder zur Krönung der Fatimamadonna und Weihe der Erzdiözese an die Gottesmutter am 15. August 1998 in Salzburg.

Liebe Katholiken, liebe Verehrer unserer lieben Frau von Fatima!

Wir haben das Evangelium von der Verkündigung des Herrn schon oft gehört. Die Jungfrau Maria, die Braut von Nazareth, hat ihr Ja gesprochen, leise, aber klar: „Siehe, ich bin die Magd des Herrn." Dieses Wort machte sie zur Mutter unseres Herrn, und um dieses Wortes Willen ist aus der Magd, aus der Dienerin, eine Königin geworden. Johannes führt uns dieses grandiose Bild vor Augen: „Am Himmel erschien ein großes Zeichen: eine Frau, mit der Sonne umkleidet, den Mond zu ihren Füßen und einen Kranz von zwölf Sternen auf ihrem Haupt" (Off 12, 1). Heute steht Maria, das Mädchen aus Nazareth, vor uns, wie damals vor den drei Kindern aus Fatima. Und wir wollen uns ihr von Neuem weihen.

„Wir gehören ihr schon immer"

Wir gehören ihr schon immer an – das gilt für die Erzdiözese von Anfang an. Auf vielen Bildern trägt der hl. Rupertus eine Statue der Gottesmutter. Es scheint das Gnadenbild U.L. Frau von Altötting zu sein. Der Tradition nach setzte Rupertus Maria von Altötting ein. Wie dem auch sei, der erste Bischof unserer Heimat war ein Marienverehrer. Er erbaute auch die erste Marienkirche im Land Salzburg, am Nonnberg. Von Anfang an ist unsere Erzdiözese ein Marienland. Das bezeugen auch die vielen größeren und kleineren Wallfahrtskirchen, die über das ganze Land verstreut der hl. Gottesmutter geweiht sind.

Im zwanzigsten Jahrhundert erfuhr die Marienverehrung neue Stärkung durch die sogenannten „Marienweihen". Erzbischof Sigismund Waitz hat das Kriegsjahr 1941 zum „Marianischen Jahr der Salzburger Erzdiözese" ausgerufen. Ein Jahr darauf wurde die Weihe an Maria erneuert. Und am Höhepunkt des furchtbaren Weltkrieges 1944 (eine Woche vor dem schweren Bombenangriff auf Salzburg, bei dem auch die Domkuppel zerstört wurde), hat Fürsterzbischof Andreas Rohracher diese Weihe an die Gottesmutter wiederholt. Schließlich hat sich die Erzdiözese Salzburg am 8. Dezember des Marianischen Jahres 1954 dem Unbefleckten Herzen Mariens geweiht. Wir gehören ihr schon immer.

Bei der Diözesanwallfahrt nach Fatima 1997 (zum 80. Jahrestag der Erscheinungen) ergab sich die Gelegenheit, eine der letzten, von Künstlerhand aus Zedernholz geschnitzten Statuen zu erwerben. Es war ein spontaner Gedanke: Wir brauchen Maria, die Madonna von Fatima, für unsere Erzdiözese! Sie soll bei uns bleiben, sie soll überall hinkommen, wo sie die Hilfe der Gottesmutter brauchen, in alle Pfarren, Klöster und Gemeinschaften, auch in bestimmte Häuser und Familien ... Und es besteht kein Zweifel: Sie geht gerne zu allen Kindern, um zu helfen, zu trösten, zu versöhnen.

Sinn und Bedeutung der Marienweihe

Ich weiß, dass manche Christen (auch katholische!) Schwierigkeiten mit einer Weihe an Maria haben, und das ist nicht verwunderlich. Das Wort „Weihe" ist so vieldeutig und kann auch ganz falsch verstanden werden. Es gibt die Weihe der Priester, eine Weihe der Kirche und des Altares ... Etwas ist bei einer Weihe, wie die Kirche sie versteht, immer dabei: ein Schenken, eine Hingabe, eine Übergabe an Gott. Was er uns geschenkt hat – und alles, was wir haben, ist sein – geben wir in aller Freiheit Gott zurück.

Nun aber: Warum sollen wir uns Maria schenken und nicht Gott, Jesus Christus, unserem Herrn und Erlöser? Bei den folgenden Gedanken gehen wir bewusst beim hl. Ludwig M. Grignon v. Montfort in die Schule. Da ist sein berühmt gewordenes „Goldenes Buch" und schon der Titel ist eine Offenbarung: „Das goldene Buch der vollkommenen Hingabe an Jesus durch Maria". Es geht also gar nicht um eine selbstständige Hingabe an Maria, sondern um die Hingabe an Jesus durch Maria. Das bedeutet keinen Umweg, im Gegenteil: Der kürzeste Weg zu Jesus ist Maria! Wir gehen zu Maria und schon sind wir bei IHM. Das ist ja auch der Weg, auf dem Jesus zu uns gekommen ist bei der Menschwerdung: durch Maria, seine Mutter. Wir haben Jesus nur durch Maria, aus ihrem Schoß, aus ihrem Herzen, aus ihren Händen. So wollte es die ewige Weisheit.

„Die vollkommenste und fruchtbarste Art der Marienverehrung besteht darin, sich ganz und gar Maria und durch Maria Jesus zu weihen." Niemand, der sich in rechter Weise Maria weiht, bleibt bei ihr stehen – sie führt ihn sofort zu ihrem Sohn, dem einzigen Erlöser der Welt. Dass Maria diese Weihe will, hat sie in Fatima ausdrücklich gesagt: „Der Herr will die Verehrung meines unbefleckten Herzens in der Welt begründen, um die Sünder zu retten. ... um das (= Bestrafung der Welt) zu verhindern, will ich bitten, Russland meinem Unbefleckten Herzen zu weihen ...". Wer hätte vor 10 Jahren gedacht, dass der Kommunismus ohne Krieg in sich selbst zusammenbricht ... durch eine andere Macht, die niemand ahnte? Nur der Heilige Vater, Papst Johannes Paul II., der sich selbst von Anfang an der Gottesmutter geweiht hat – Totus Tuus – er dürfte es im Voraus gewusst haben.

Die Weihe leben

Die Weihe an Jesus durch Maria ist höchst einfach, und gerade die Einfachheit ist Zeichen der Echtheit. Nach L. M. v. Montfort besteht die „Weihe" einfach in der vollkommenen Erneuerung der Taufgelübde: „Ich treuloser Sünder erneuere und bekräftige heute in deine Hände mein Taufgelübde. Ich widersage für immer dem Teufel, seiner Pracht und seinen Werken. Ich übergebe mich ganz Jesus Christus ... und will alle Tage meines Lebens in seiner Nachfolge mein Kreuz tragen und ihm treuer sein, als ich es bisher war" (Gold. Buch Nr. 225). Die Weihe leben heißt, die Taufgelübde ernst nehmen. „Herr, ich glaube, Herr, ich hoffe, Herr, von Herzen lieb ich dich ... Im Glauben, in der Hoffnung, in der Liebe stärke mich!". O Maria, ich schenke mich heute dir, bringe mich zu Jesus.

Liebe Schwestern und Brüder

Wir sind gekommen, um uns durch Maria Christus zu weihen und zu schenken. Und wenn wir fortgehen, dann mit dem festen Willen, unser Taufversprechen ernst zu nehmen und zu leben. O Maria, Mutter Jesu und Mutter der Kirche, dir gehören wir schon immer und heute sagen wir ganz bewusst: Dir gehören wir für immer. Amen.

Literatur

Heilige Schrift, Einheitsübersetzung
KKK, Katechismus der kath. Kirche, 1993, Oldenburg Verlag
Kompendium zum KKK, deutsche Ausgabe Pattloch Verlag
Gotteslob (rot), 1974, Kath. Gebet- und Gesangbuch.
Gotteslob (weiß), 2015, Gesang und Gebetbuch d. Ö. Diözesen.
Großer Sonntag Schott, Messbuch der Kath. Kirche, Lesejahre A,B,C, 1975, Herder
Großer Wochentag-Schott, Teil I und II, Herder 1976.
Stundenbuch für das ganze Jahr, Herder V.

Apostolische Schreiben

Familiaris Consortio, Nachsyn. Schreiben Über die Aufgaben der christlichen Familie von heute, Johannes Paul II. 1981
Mulieris Dignitatem, Über die Würde der Frau, Johannes Paul II. 1988
Rosarium Virginis Mariae, Rosenkranz u. Lieben Frau, Johannes Paul II. 2002
Direktorium über die Volksfrömmigkeit und die Liturgie, Grundsätze und Orientierungen, Nr. 160, 17. 12. 2001
Deus Caritas est, Enzyklika über die christliche Liebe, Benedikt VI. 2005
Caritas in Veritate, Enzyklika über die ganzheitliche Entwicklung des Menschen in der Liebe und in der Wahrheit, 2009
Amoris Laetitia, Nachsyn. Schreiben ü. die Liebe in der Familie, Franziskus, 2016

Weitere Literatur

(um nur einige Titel zu nennen)

Jesus v. Nazareth, Band 1-3, Joseph Ratzinger, Benedikt XVI. Herder 2007
Bilder der Hoffnung, Wanderungen im Kirchenjahr, Joseph Kard. Ratzinger, Herder, 1997
Der Geist der Liturgie, Joseph Kard. Ratzinger, Herder, 2000
Beten, die Kunst mit Gott zu sprechen, P. Benedikt XVI. Herder
Christliches Brauchtum, Feste u. Bräuche i. Jahreskreis, Hermann Kirchhoff, Kösel, 1995
Das Kirchenjahr, Karl H. Bieritz,, 7. Aufl., 2005
Das Mahl des Lammes, Die Messe, Scott Hahn, St. Ulrich, 2003
Der Herr der Zeit, Jahr und Tag im Glauben, Ludwig Gschwind, St. Ulrich, 1999
Der Sonntag, gestern, heute und immer, Romano Guardini, Topos TB, 1994
Der Schabbat, Abraham J. Heschel, Jüdische Verlagsanstalt, Berlin, 2001
Die Familie als häusliches Heiligtum, Rudolf Graber, Schnell § Steiner, vergriffen
Die Familie - eine Hauskirche, Elisabeth Braunbeck, Schönstatt V., 1985
Die Kirche erwacht in den Häusern, Maria Prügl, V. ehefamiliebuch, Salzburg, 2007

Die Juden und ihr Glaube, Peter Landesmann, Nymphenburger V. 2003
Eine Mutter und 11 Kinder, Hermann Kronsteiner, V. Kultur i. d. Familie, vergriffen
Feiern, Feste, Jahreszeiten, Lebendige Bräuche, Manfred Becker-Huberti, Herder, 1998
Familiengedächtnis, Wichtige Ereignisse i. d. Familie, Maria Prügl,
V. ehefamiliebuch, Salzburg, 2005
Glauben feiern, christliche Bräuche i. ganzen Jahr, Ludwig Gschwind, St. Ulrich, 2001
Griechische Mythen i. christlicher Deutung, Hugo Rahner, Herder, 1984
Gott begegnen in der Zeit, unser Kirchenjahr, Josef Reckinger, Bonifatius 1986
Gott der Barmherzige, Der Weg zur Beichte, Scott Hahn, St. Ulrich, 2005
Kleines Lexikon des christlichen Brauchtums, Alfred Läpple, Pattloch, 1996
Lexikon der Bräuche u. Feste, Manfred Becker-Huberti, Herder, 2000
Lexikon christlicher Kunst, Themen, Gestalten, Symbole, Herder 1987
Marienlob i. d. Gemeinde, P. Ch. Ripplinger, Butzon § Bercker
St. Peter in Rom, Bayrisches Pilgerbüro
Volksbrauch i. Kirchenjahr, Hans Koren, Pinguin, 1986, vergriffen
Wörterbuch biblischer Symbole, Manfred Lurker, Kösel, 1973

Bildnachweise und Quellen

Die Hauptmotive sind durchgehend Paramenten entnommen. Religiöses Wissen, biblisches Verständnis und Kunsthandwerk zeichnen diese Paramenten-Stickereien aus. Die Verfasser danken der großzügigen Bereitstellung der Paramente zur Illustrierung des vorliegenden Buches, Verweis mit Seitenangabe (leider nicht mit den Themen auf Grund der Fülle):

Paramente Effata, Dillinger Franziskanerinnen, Dillingen

www.regens-wagner.de

Seiten 47, 87, 88, 108, 109, 135

Paramente Effata (obige Adresse)

in der Pfarre Aigen, Salzburg, Maria Prügl dankt Pf. Walter Oberascher für die Erlaubnis zum Fotografieren: Seiten 17 (2), 22, 23 (2), 25, 26, 36, 41, 43, 55, 66, 78, 90, 97 (2), 99 (2), 110, 111, 112, 113 (2), 118

Künstlerische Paramente des Ateliers Karbig

www.atelier-karbig.de

Seiten 17, 18, 37, 40, 46, 60 (2), 61, 66, 67, 72 (2), 73, 75, 82, 84, 85, 106

Paramente Benediktinerinnen Steinachkirchen, Sr. Marta

www.benediktinerinnen.at

Seiten 19 (2), 28, 58, 62, 68, 71, 78, 80, 81, 92, 93, 94, 96, 102, 103, 106, 115

Paramente der Erzdiözese Salzburg

josef.kral@konservator.kirchen.net

Seiten 27, 68, 104,114, 119, 121

Andere Quellen

KNA: Seiten 56, 70, 83

Bethlehem Schwestern, Kinderalm, Veronika Traintinger: Seiten 45, 55, 116

Admonter Riesenbibel: Seite 50

Natur- und Familienfotos

Günther Oberngruber: Seiten 40, 67, 76, 77, 85, 114, 135

Richard Büchsenmeister: Seiten 20, 38, 42

Maria Prügl: Seiten 29, 30, 33, 43, 44, 46, 47, 49, 50, 52, 59 (2), 65, 69, 74 (2), 86, 93, 120

Familie Feingold, Salzburg: Seiten 20, 21

www.fotolia.com: Seiten 12 (3), 14, 16, 17, 24, 27, 37, 38, 47, 50, 51, 53 (2), 57 (2), 58, 59, 63, 73, 79, 88, 89 (2), 91, 94, 95, 96, 98 (2), 100, 102, 105, 116

Landjugend Anthering: Seite 107

Die Heiligen im Kirchenjahr

Besonders berücksichtigt sind die Heiligen und Seligen der Erzdiözesen und Diözesen Österreichs

Jänner

1 HOCHFEST DER GOTTESMUTTER MARIA, WILHELM V. D., WILLIAM, FULGENTIUS, MANUEL(A)

2 BASILIUS D. GR., GREGOR V. NAZIANZ, DIETMAR V. PRAG, MAKARIUS, ADALHARD, ODILO

3 ADELE V. PF., ODILO V. C., GENOVEVA

4 4. ANGELA V. F., ROGER, RÜDIGER, MARIUS, MARA, CHRISTINE V. LUCCA, LIAWIZA

5 EMILIA, ROGER V. T., JOHANNES V. NEPOMUK, NEUMANN, EDUARD, GERLACH

6 KASPAR, MELCHIOR, BALTHASAR, MAKARIUS, PIA V. QU., WILTRUD, RAPHAELA, GERTRUD V. T.

7 VALENTIN, RAIMUND V. PENAFORT, SIGRID, WIDUKIND, REINHOLD, ROMANA

8 SEVERIN V. NORIKUM, SEVERIA, ERHARD, GODULA, GUDRUN, ERHARD V. REGENSBURG

9 EBERHARD, ADRIAN, JULIAN V. BASILIA, ALIX

10 GREGOR X., PAULUS V. THEBEN, WILHELM V. BOURGES, FRANZISKA, SALESIA

11 PAULUS V. AQUILIEA, JOHANNES, COCHLACUS

12 TATIANA, HILDA, ERNST V. ROM, ERNESTINE

13 GOTTFRIED V. CAPPENBERG, JUTTA, HILDEMAR, HILARIUS, IVETTA, REMIGIUS

14 RAINER V. ANSBERG, FELIX V. NOLA, ENGELMAR, BERNO, HELGA

15 ARNOLD JANSSEN, ROMEDIUS, MAURUS V. PLACIDUSA, KONRAD V. MONDSEE, PAUL V. THEBEN

16 MARZELLUS I., TILLO, TILLMANN, TURZO, THEOBALD

17 ANTON D. EINSIEDLER, ANTONIA, BEATRIX V. CAPPENBERG

18 PRISKA, ODILO V. BAYERN, REGINA PROTMANN, WOLFRIED

19 MARIUS V. ROM, ALSIDIS, PIA V. KARTHAGO

20 FABIAN, SEBASTIAN, URSULA HAIDER

21 AGNES, INES, MEINRAD, PATROKLUS

22 VINZENZ PALOTTI, ZENZ, WALTER, THEODELINDE, ANASTASIUS, GAUDENZ

23 HEINRICH SEUSE, HARTMUT, ILDEFONS, EUGEN BOLZ, MARIA SPONSATA, WALTER V. BRÜGGE, SEL. NIKOLAUS GROSS

24 FRANZ V. SALES, EBERHARD V. NELLENBURG, VERA, ARNO V. SALZBURG

25 BEKEHRUNG D. AP. PAULUS, WOLFRAM V. WADGASSEN, TITUS M HORTEN

26 TIMOTHEUS, TITUS, TIZIAN, PAULA V. ROM, ALBERICH VON CITEAUX

27 ANGELA MERICI, ANGELIKA, JULIAN, GERHARD V. KREMSMÜNSTER, THEODERICH

28 THOMAS V. AQUIN, KARL D. GROSSE, KAROLINE BARBARA CARRE`, BRITTA, MANFRED,

29 VALERIUS, KARL V. KÖLN, RADEGUND, GUNDA, JOSEF FREINADEMETZ,

30 MARTINA, ADELGUND, GUNDA, DIETHILD, BALTHILD, SERENA, HYACINTHA

31 JOHANNES BOSCO, EUSEBIUS, HEMMA V. REGENSBURG, MARZELLA

Februar

1 BRIGITTE V. KALDARE, GITTA, SEVERUS, SIGIBERT

2 ALFRED DELP, DIETRICH V. MINDEN, CORNELIUS V. CÄSAREA, LOTHAR

3 BLASIUS, ANSGAR V. HAMBURG, OSKAR, BERLINDE, NEIDHARD

4 VERONIKA, FRAUKE, GILBERT, RHABANUS MAURUS, CHRISTIAN V. HIMMEROD

5 AGATHA, ADELHEID V. VILICH, ELKE, HEIDI, ALBUIN, MARIA V. KÄRNTEN

6 PAUL MICKI U. GEFÄHRTEN, DOROTHEA, DORIS, AMAND V. MAASTRICHT, REINHILD, HILDEGUND

7 RICHARD, NIWARD, MARIA V. D. VORSEHUNG, SEL. PIUS IX.

8 HIERONYMUS, ÄMILIANA, JOSEPHINE BAKHITA

9 APOLLONIA, LONA, JULIAN, LAMBERT, ANNA KATHARINA EMMERICK, ANSBERT

10 SCHOLASTIKA, WILHELM V. MALAVALLE, BRUNO V. MINDEN

11 GEDENKTAG UNSERER LIEBEN FRAU V. LOURD, ANSELM, THEODOR, SEL. KARD. A. STEPINAC

12 GREGOR II., BENEDIKT V. ANIANE, HELMWARD, HELMFRIED, LUDAN, HUMBELINA

13 REINHILD, GISELA, SILKE, ADOLF V. THEKLENBURG, EKKEHARD, HEIKO, GILBERT

14 VALENTIN V. THERMI, CYRILLUS, METHOD

15 SIGFRID V. VÄXJÖ, GEORGIA V. CERMONT, CLAUDE DE LA COLOMBIERE

16 JULIANE V. NIKOMEDIEN, LIANE, PAMPHILUS, PHILIPPA, PAMELA, MARERI

17 GRÜNDER DES SERVITENORDENS, BENIGNUS, MARZELIN, EVERMOD, FRANZ R. CLET, LUKAS V. P.

18 SIMON, FRAU ANGELICO, ANGELIKA, KONSTANTIA, KOLOMAN

19 IRMGARD V. A., BONIFATIUS V. LAUSANNE

20 CORONA, AMATA V. ASISSI, JORDAN MAI, ELEUTHERIUS, SEL. JACINTA UND FRANCISCO MARTO

21 PETRUS DAMIANUS, IRENE, GERMANUS, PIPPIN D. Ä., GUNTHILD,

22 KATHEDRA PETRI, ISABELLA V. FRANKREICH, MARGARETHA V. CORTONA, GRETE, JOHANNA MARIA

23 POLYKARP, ROMANA, OTTO V. CAPPENBERG, LAZARUS V. K.

24 APOSTEL MATHIAS, IDA V. H., IRMENGARD V. DABEN, EUNIKE, ETHELBERT V. KEMP

25 WALBURGA, ADELTRAUD, CÄSARIUS V. NAZIANZ

26 MECHTHILD, ULRICH V. O., DIONYSIUS, ADALBERT V. TEGERNSEE, ULRICH

27 MARKWARD V. PRÜM, GABRIEL V. D. SCHMERZHAFTEN GOTTESMUTTER

28 ROMAN, ROMEO, LUPIZINIS, SILVANA, OSWALD V. YORK, ELISABETH V. P., DANIEL BROTTIER

29 AUGUST (SCHALTJAHR)

März

1 ALBIN, ROGER, RÜDIGER, DAVID V. MENEVIA, FELIX

2 KARL D. GUTE, AGNES V. BÖHMEN, INES, ENGELMAR, UNZEITIG

3 KUNIGUNDE, FRIEDRICH, FRITZ, FERRY, FRIEDERIKE, LIBERAT WEISS, KATHARINA M. DREXEL

4 WALBURGA, KASIMIR, RUPERT V. DEUTZ, HUMBERT, PLACIDA VIEL

5 OLIVIA, DIETMAR V. MINDEN, THEOPHILUS V. CÄSAREA, DOMITIAN V. KÄRNTEN

6 FRIDOLIN, MECHTHILD, COLETA, KUNIGUND V. DIESSEN, ROSA V. VITERBO

7 PERPETUA, FELIZITAS, VOLKER, REINHARD, SEL. ANNA SCHÄFFER, JOHANNES V. GORZE

8 JOHANNES V. GOTT, EDDO, MICHAEL WITTMANN, VEREMUND, GERHARD V. CLAIRVAUX

9 BRUNO V. QUERFURT, BRUNHILDE, FRANZISKA V. ROM, DOMINIKUS SAVIO, BARBARA PFISTER

10 VIERZIG MÄRTYRER V. SEBASTE, ÄMILIAN, EMILIE, GUSTAV V. SCHWEDEN

11 ROSINE, HEINRICH HAHN

12 ALMUD, BEATRIX V. ENGELPORT, TRIXI

13 PAULINA V. THÜRINGEN, LEANDER, GERALD V. MAYO, SANCHA, JUDITH V. RINGELHEIM

14 MATHILDE, EVA V. LÜTTICH, GOTTFRIED KÖNZGEN, EINHARD, KONRAD MÜLLER

15 KLEMENS M. HOFBAUER, KLEMENTINE, LUISE DE MARILAC, PIUS KELLER, ZACHARIAS, DIETRICH

16 HILARIUS V. AQUILEA, HERIBERT V. BOIS, HERIBERTA, HERTA

17 GERTRUD V. NIVELLES, GERDA, PATRIK, PATRIZIA, PATTY, KONRAD V. BAYERN

18 CYRILL V. JERUSALEM, EDUARD V. ENGLAND, EDI, 1

19 JOSEF – BRÄUTIGAM DER GOTTESMUTTER, JOSEFA, MARCEL CALLO

20 WOLFRAM V. SENS, IRMGARD, HERIBERT V. CUMBERLAND, CLAUDIA V. AMISUM, GISBERT

21 CHRISTIAN, ABSALOM, AXEL, EMILIE SCHNEIDER

22 LEA, LEILA, ELKA, ELMAR, LUKARDIS, SEL. CLEMENS A. V. GALEN

23 TORIBIO V. MONGROVEJO, REBECCA AR RAY´ES

24 KATHARINA V. SCHWEDEN, ELIAS, ELIA, SIMON V. TRIENT, GUISEPPE M. TOMASI

25 MARIA VERKÜNDIGUNG, ANUNZIATA, EMANUEL, MANUEL, JUTTA, JUDITH, ISAAK

26 LUIDGER, LARISSA, LARA, FELIX V. TRIER

27 HEIMO, FROWIN, ERNST V. HOHENSTEIN

28 GUNTRAM, INGBERT, GUNDELINDE

29 HELMSTAN, LUDOLF, HELFRIED, HELMUT, BERTHOLD V. KALABRIEN

30 DIEMUT, QUIRIN, SEL. SR. RESTITUTA

31 CORNELIA, BENJAMIN, CONNY, NELLY, LAMBERT, BALBINA, PETRONILLA

April

1 HUGO V. GRENOBLE, IRENE, IRIA, AGAPE V. SALONIKI

2 FRANZ V. PAOLA, THEODOSIA V. CÄSAREA, MARIA V. ÄGYPTEN, SANDRINA, FRANZ COLL

3 LUIDBIRG, RICHARD V. CICHESTER, ELISABETH KOCH

4 ISIDOR V. SEVILLA, KONRAD V. WEISSENAU, HEINRICH RICHTER, GUIDO V. POMPOSA

5 VINZENZ FERRER, KRESZENTIA HÖSS, ZENZI, SENTA, JULIANE, EVA V. LÜTTICH

6 PETRUS D. MÄRTYRER, WILHELM V. ÄBELHOLT, CÖLESTIN I.

7 JOHANNES BAPTIST DE LA SALLE, BURCHARD

8 WALTER V. PONTOISE, MANEGOLD, BEATA

9 WALTRAUD, KASILDA, KONRAD I. V. SALZBURG

10 ENGELBERT V. ADMONT, V. LÜTTICH, GERNOT, EZECHIEL, GEROLD

11 STANISLAUS V. KRAKAU, HILDEBRAND, REINER V. OSNABRÜCK, GEMMA GALGANI

12 ZENO, HERTA V. ROM, JULIUS I., THERESIA V. KINDE JESU, JOSEPH MOSKATI

13 HERMENEGILD, IDA V. BOLOGNA, MARTIN I., PAULUS DIAKONUS, IDA V. LÖWEN

14 TIBURTIUS, LIDWINA, ERNESTINE V. BAYERN, LAMBERT V. LYON

15 DAMIAN DEVEUSTER, HUNNA, NIDKER, CÄSAR V. BUS

16 BENEDIKT JOSEF LABRE, BERNADETTE SOUBROUS

17 RUDOLF V. BERN, ROLF, RUDOLFINE, EBERHARD V. WOLFEGG, WANDO, ZITA, GERWIN

18 AYA, ALEXANDER, MARIA V. D. MENSCHWERDUNG

19 GEROLD V. GROSS-WALSERTAL, LEO IX., HOLGER, WERNER V. OBERWESEL, MARCELL CALLO

20 WILHELM V. WINDBERG, HILDEGUND V. SCHÖNAU

21 KONRAD V. PARZHAM, ANSELM V. CANTERBURY, KURT, ANSELM, ANSELMA

22 KAJUS

23 GEORG, JÜRGEN, JÖRG, JENS, GEORGIA, ADALBERT, GERHARD V. TAUL

24 FIDELIS V. SIGMARINGEN, MARIAN, EGBERT V. IRLAND, WILFRIED, THEODOR, ANGELO E. MENNI

25 EVANGELIST MARKUS, ERWIN, HERMANN V. BADEN, FRANKA

26 MARIA V. GUTEN RAT, CONSUELO, KLETUS, RATBERT, TRUDPERT, HELENE, ANAKLET I.

27 PETRUS CANISIUS, ZITA, ANASTASIUS I.

28 PETER CHANEL, ADALDAG, HUGO V. CLUNY, THEODORA, LUDWIG MARIA GRIGNION V. MONTFORT

29 KATHARINA V. SIENA, ROSWITHA, IRMTRUD, DIETRICH, ROBERT V. MOLESME

30 PIUS V., PIA, HEIMO, ROSAMUNDE, SR. FAUSTINA

Mai

1 JOSEF D. ARBEITER, ARNOLD V. HILTENSWEILER, BERTA V. AVENAY, SIGISMUND, JEREMIAS

2 ATHANASIUS, BORIS, KONRAD V. SELDENBÜREN, MAFALDA, LUITHARD

3 AP. PHILIPPUS U. JAKOBUS D. J., JACK, JAQUELINE, ALEXANDER I., VIOLA, SASCHA, AXEL

4 FLORIAN U. D. MÄRTYRER V. LORCH, VALERIA, GUIDO, LADISLAUS, BRIKTIUS V. HEILIGENBLUT

5 GOTTHARD(A), SIGRID, SIGRUN, JUTTA, FRANZ TENDLER, ANGELUS

6 ANTONIA, GUNDULA, BRITTO V. TRIER, MARKWARD

7 NOTKER D. STAMMLER, GISELA V. UNGARN,, SILKE, HEILIKA, HELGA, BORIS

8 ULRICH NISCH, EVODIA, FRIEDRICH V. HIRSAU, DESIDERATUS, DESIDIA, EVODIA, KLARA FEY,

9 BEATUS, OTTOKAR III., VOLKMAR, SEL. THERESIA V. JESU GERHARDINGER, SEL. JOSEF CEBULA

10 GORDIANUS, EPIMACHUS, HIOB, JOHANNES V. AVILA

11 GANDOLF, MAMERTUS, JOACHIM TABERNITZ V. KLEIN-MARIAZELL, ODILO U. HUGO V. CLUNY

12 PANKRATIUS, (1. EISHEILIGER), NEREUS U. ACHILLEUS, DOMITILLA, JOHANNA V. PORTUGAL

13 SERVATIUS (2. EISHEILIGER),

14 BONIFATIUS (3. EISHEILIGER), CHRISTIAN V. GALATIEN, KARSTEN, ISOLDE, PASQUALIS I., CORONA

15 (DIE KALTE) SOPHIE, RUPERT V. BINGEN, ISIDOR V. MADRID, FRIEDRICH KELLER

16 JOHANNES V. NEPOMUK, UBALD, ADELPHUS, SIMON STOCK

17 PASCHALIS, WALTER V. MONDSEE, BAYLON, DIETMAR V. NEUMÜNSTER

18 ERICH IX., BURKHARD, FELIX, JOHANNES I., SEL. SR. BLANDINE MERTEN, CORINNA, DIETMAR

19 ALKUIN, KUNO, KONRAD, IVONNE, YVETTE, CÖLESTIN, PUDENS

20 BERNHARD V. SIENA, BJÖRN, BERND, VALERIA, ELFRIEDE

21 HERMANN JOSEF, ERENFRIED, WILTRUD, SEL. FRANZ JÄGERSTÄTTER, KONSTANTIN D. GR., KONSTANZE, WILTRUD, KARL DE MAZENOD

22 JULIA, RENATE, RENEE`, RITA V. CASCIA, ÄMILIUS, EMIL

23 DESIDERIUS, DESIRE`, BARTOLOMÄUS D. BAUER

24 DAGMAR, ESTHER, MAGDALENA S. BARAT, FRANZ PFANNER, VINZENZ V. LERINS

25 BEDA, URBAN I., HERIBERTA, HERBERT, HERTA, GREGOR VII., GILBERT

26 PHILIPP NERI, REGINTRUD, ALWIN(E), ANNA V. JESUS

27 AUGUSTIN V. CANTERBURY, BRUNO V. WÜRZBURG, BRUNHILDE

28 GERMAN V. PARIS, WILHELM V. AQUITANIEN, WILHELMINE, WILMA

29 MAXIMIN, IRMTRUD V. MILLENDANK, THEODOSIA V. KONSTANTINOPEL

30 JOHANNA V. ORLEANS, JEANNE, JEANE, JESSICA, REINHILD, FERDINAND III.

31 PETRONILLA, HELMTRUD, MECHTILD V. DIESSEN

Juni

1 JUSTIN, JUSTINE, SIMEON, AGNES ELLENBERGER, LUITGARD

2 MARCELLINUS U. PETRUS, ARMIN, EUGEN, ERASMUS V. ANTIOCHIEN, BLANDINA

3 KARL LWANGA U. GEFÄHRTEN, HILDBURG, SEL. JOHANNES XXIII.

4 KLOTHILDE, CHRISTA, QUIRIN, WERNER V. ELLERBACH, EVA V. LÜTTICH

5 BONIFATIUS, WINFRIED V. FULDA, FULGER – VOLKER, FERDINAND D. STANDHAFTE

6 NORBERT V. X., KEVIN, CLAUDIUS(A), BERTRAM, KEVIN, BOGOMIL, GILBERT

7 ROBERT V. NEWMINSTER, GOTTLIEB(A), DEOCHAR,

8 MEDARD, HELGA, GISELBERT V. CAPPENBERG, ENGELBERT, SEL. MARIA V. DROSTE FISCHERING

9 EPHRAIM D. SYRER, GRATIA, PRIMIS U. FELIZIAN, KOLOMBAN V. H.

10 HEINRICH V. BOZEN, GERLACH, DIANA, ANALDO, OLIVIA

11 APOSTEL BARNABAS, RIMBERT, ALEYDIS-ADELHEID-ALICE, JOLANDA, ELKE V. SCH.

12 LEO II., ODULF, ESKIL, KASPAR BERTONI

13 ANTONIUS V. PADUA, RAMBERT

14 GOTTSCHALK, MEINRAD EUGSTER, BURCHARD V. MEISSEN, RICHARD V. ST.V., HARTWIG, HERWIG

15 VITUS, VEIT, ISFRIED, GERMANA, GEBHARD V. SALZBURG, BERNHARD V. AOSTA, KLARA, LOTHAR

16 BENNO V. MEISSEN, QUIRIN, LUITGARD, PATER PIO, SEL. MARIA T. SCHERER

17 EUPHEMIA, RAINER V. PISA,

18 FELICIUS, SIMPLICIUS

19 ELISABETH V. SCHÖNAU, ROMUALD, MODEST, GERVASIUS, PROTASIUS, ANDREAS BAUER

20 ADALBERT V. MAGDEBURG, DEODAT, BENIGNA, MARGARETHE EBNER, SANCHA V. PORTUGAL.

21 ALOISIUS GONZAGA, ALOISIA, RALF, EBERHARD V. SALZBURG

22 PAULIN V. NOLA, JOHN FISHER, THOMAS MORUS, ACHAZ, ALBIN, EBERHARD

23 EDELTRAUD, JOSEF CAFASSA, PETER FRIEDHOFEN

24 (GEBURT V.) JOHANNES D. T., HANS JÜRGEN, EREMBERT, IVAN V. BÖHMEN

25 DOROTHEA, DORIS, ELEONORE, LORE, HANELORE, NORA, WILHELM V. V

26 JOHANN U. PAUL ("WETTERHERREN"), RUDOLF V. BOURGES, ROLF, JOSEFMARIA ESCRIVA DE BALAGUER

27 HEMMA V. G., EMMA, CYRILL, ALEXANDER, HARALD, GERHOH, HEIMO, SIEBENSCHLÄFERTAG

28 IRENÄUS V. LION, EKKEHARD, HEIKO, DIETHILD

29 APOSTEL PETRUS U. PAULUS, PETRA(O), PAULO(A), BEATE, JUDITH, SALOME

30 DIE ERSTEN MÄRTYRER V. ROM, OTTO V. BAMBERG, BERTRAM, ERNST V. PRAG, ERNA

Juli

1 THEODERICH, DIETRICH

2 WILTRUD

3 APOSTEL THOMAS, TOM JOSEF LENZEL, RAIMUND, LULLUS, ROMANA

4 ULRICH V. AUGSBURG, UDO, UWE, ULRIKE, ELISABETH V. P., BERTA, BERNOLD

5 ANTONIUS MARIA ZACCARIA, LÄTITIA, PHILOMENA

6 MARIA GORETTI, MARIA T. LEDOCHOWSKA, MARIETTA, ISAIAS

7 WILLIBALD V. EICHSTÄTT, WILLI, EDELBURG

8 KILIAN V. W, EDGAR, AMALIE, EUGEN, ADOLF IV., AQUILA U. PRISZILLA, MARIA LICHTENEGGER

9 WIGFRIED, AGILOLF, JOHANNES V. KÖLN, VERONICA GIULIANI, ANDREAS BAUER, AUGUSTINUS ZHAO RONG

10 KNUD, OLAF U.ERICH, ALEXANDER V. ROM, ENGELBERT KOLLAND, SASCHA, SANDRA, AMALIA

11 BENEDIKT V. NURSIA, BENEDIKTA, OLGA, HELGA, PLAZIDUS, RACHEL, OLIVER

12 NABIR U. FELIX, SIGISBERG U. PLAZIDUS V.DISENTIS, HERMAGOR U. FORTUNAT, ARNSBOLD

13 HEINRICH II. U. KUNIGUNDE, HEINZ, HEINER, HARRY, HENRIETTE

14 KAMILLUS V. LELLIS, CAMILLA, ULRICH V. ZELL, ANGELINA, GOSWIN, ROLAND

15 BONAVENTURA, EGINO, EGON, WLADIMIR, WALDEMAR, BERNHARD V. BADEN

16 MARIA V. BERG KARMEL, CARMEN, IRMENGARD, IRMA, ELVIRA, REINILDIS

17 MARINA, ALEXIUS-AXEL, DONATA, GABRIELE CROISSY, CHARLOTTE THONET, LOLITTA, ARNOLD

18 FRIEDRICH V. ÜTTRECHT, FRIEDERIKE, ANSWER, ODILIA, ARNULF, DIETMAR V. OSNABRUCK

19 BERNULF, JUSTA, HERMANN V. MARIAZELL

20 MARGARETHA V. ANTIOCHIEN, MARGA, MARGOT, ANNEGRET, ELIAS,

21 LAURENTIUS V. BRINDISI, LORENZ, LAURA, STILLA, PRAXEDIS, DANIEL, DANIELA

22 MARIA MAGDALENA, MARLENE, VERENA, ELVIRA, EBERHARD, WALTER V. LODI

23 BIRGITTA V. SCHWEDEN, BRITTA, BIRGIT, APOLLINARIUS, LIBORIUS, JOHANNES CASSIANUS

24 CHRISTOPHORUS, URSICIN, CHRISTINE, KERSTIN, KIRSTIN, SIGLINDE, LINDA

25 APOSTEL JAKOBUS D. Ä., THEA, JAMS, JAKOB, JAQUELINE, THOMAS V. K.

26 JOACHIM U. ANNA, ANITA, NADJA, NADINE, ANNELIESE, GLORIOSA, ANNEMARIE

27 BERTOLD V. GARSTEN, RUDOLF, ROLF, PANTALEON, NATALIE

28 INNOZENZ I., BEATUS U. BANTUS, BENNO, SAMSON, VIKTOR I., ALPHONSA ANNA M.

29 MARTHA, MARIA U. LAZARUS V. BETHANIEN, JASMIN, FLORA U. LUZILLA, OLAF II., LADISLAUS I.

30 PETRUS CHRYSOLOGUS, SIMPLIZIUS, BEATRIX U. FAUSTINUS, INGEBORG, LEOPOLD MANDIK

31 IGNATIUS V. LOYOLA, GERMANUS, HERMANN, HELENA

August

1 ALFONS M.V. LIGOURI, PETRUS FABER, KENNED, PETRUS JULIANUS, EYMARD

2 EUSEBIUS, GUNDEKAR II.,

3 LYDIA V. PHILIPPI, BENNO V. METZ, BURCHARD V. ROTH

4 JOHANNES M. VIANNEY, SIGRID

5 OSWALD, UWE, DOMINIKA, STANISLAUS HOSIUS

6 FELIZISSIMUS U. AGAPITUS, GILBERT V. MARIA LAACH, HERMANN

7 XISTUS II. U. GEFÄHRTEN, KAJETAN, JULIANEV, LÜTTICH – LIANE, AFRA, ULRICH V. PASSAU

8 DOMINIKUS(A), CYRIAKUS, HILGER

9 HL. EDITH STEIN, SR. BENEDIKTA A CRUCE, PATRONIN EUROPAS

10 LAURENTIUS, LORENZ, LENZ, LAURA, ASTERIA, ASTRID

11 KLARA V. ASSISI, PHILOMENA, SUSANNA, NIKOLAUS V. KUES, DONALD

12 SEL. KARL LEISNER, RADEGUND, GUNDA, HILARIA V. AUGSBURG, INNOZENZ XI., LEO DEHON

13 PONTIANUS, HIPPOLYT, KASSIAN, GEROLD, WIGBERT, GERTRUD, LUDOLF, JAKOB GAPP, JOHANNES BECHMANS

14 MAXIMILIAN KOLBE, MEINRAD, WERENFRIED, EBERHARD

15 ASSUNTA, MECHTHILD V. M., TARSITIUS

16 STEPHAN I. V. U., THEODOR, ROCHUS, CHRISTIAN, KARSTEN, KERSTEN, BEATRIX

17 HYAZINTH, KARLMANN, JERON, GUDA, JUTTA

18 HELENA, ILONA, ELLEN, LENA, AGAPITUS V. PRÄNESTE, CLAUDIA, REINALD

19 JOHANNES EUDES, SEBALDUS, SIGBERT, REGINLIND, CHARITAS

20 BERNHARD V. CLAIRVAUX, SAMUEL, BERNARDA, RONALD, RONNY

21 PIUS X., PIA, BALDUIN, GRATIA, FRANZ REINISCH

22 REGINA, INA, CILNA, SIEGFRIED, SIEGRUN

23 ROSA V. LIMA, ROSALINDA, ROSEMARIE, ROMY, RICHHILD

24 APOSTEL BARTHOLOMÄUS, BARTHEL, NATHANAEL, MICHAELA, ISOLDE, EMILIE D. VILIAR

25 LUDWIG IX., MARILUISE, JOSEF V. CALASANZA, PATRIZIA, ELVIRA, SEL. MYRIAM V. ABELENE

26 GREGOR V. ÜTTRECHT

27 MONIKA, GEBHARD V. KONSTANZ, GEBHARDA, CÄSARIUS

28 AUGUSTINUS V. HYPPO, AUGUSTE, ELMAR, ADELINE, HERMES V. ROM

29 ENTHAUPTUNG JOHANNES D. T., SABINA V. ROM, THEODORA, BEATRIX V. AG.

30 HERIBERT V. KÖLN, HERTA, AMADEUS, FELIX, INGEBORG, REBECCA, SEL. ALFREDO I. SCHUSTER

31 PAULINUS V. TRIER, RAIMUND NONNATUS, ROMANA, MARCELLO CANDIA

September

1 ÄGIDIUS, GILLES, RUTH, VERENA V. ZURZACH, VRENI, ALOIS SCHOLZE, HARALD

2 NONNOSUS, APOLLINARIS, FRANZ URBAN, INGRIED ELOVSDOTTER

3 GREGOR D. GR., SOPHIE V. MINDEN, GREGORIA, SONJA, HILDEBRAND

4 IDA V. HERZFELD, IRIS, IRMGARD, ROSALIA, ROSA V. VITERBO, ROMY, HL. MUTTER TERESA AARON, UNSERE LIEBE FRAU V. TROST

5 MARIA T. V. WÜLLENSWEBER, SEL. MUTTER TERESA, ROSWITHA V. GANDERSHEIM

6 MAGNUS, ALEXIUS V. T., THEOBALD

7 OTTO V. FREISING, REGINA V. BURGUND, JUDITH V. BETHULIS, STEFAN P., DIETRICH

8 ALAN, HADRIAN, ADRIENNE, SERGIUS, FRANZ V. RETZ, FRANZISKUS JORDAN, KORBINIUS

9 OTHMAR, GORGONIUS, PETRUS CLAVER, MARIA EUTHYMIA

10 THEODORA, PULCHERIA, NIKOLAUS V. TOLENTINO

11 FELIX U. REGULA, MATERNUS, LUIS, LUDWIG IV., JOSEF MÜLLER

12 MARIA NAMEN, MARION, MIRJAM, MARYLIN, MARY, MARIANNE, GUIDO

13 JOHANNES CHRYSOSTOMUS, NOTBURGA, BURGI, TOBIAS, AMATUS

14 KORNELIUS O´ROURCE, CONAN

15 DOLORES, MELITTA, LUDMILLA, LOLITA, JOSEF KENTENICH, ROLAND V. MEDICI, EKKEHARD

16 KORNELIUS, CONNY, KONEL, CYPRIAN, ADALBARO, EDITH, JULIA

17 ROBERT BELLARMIN, HILDEGARD V. B, BRUNHILDE, ARIADNE, SEL. ANTON MARIA SCHWARTZ,

18 LAMBERT V. MAASTRICHT, RICHARDIS, LAMPERTA, BALTHASAR

19 JANUARIUS, THEODOR V. CANTERBURY, THOSTEN, TEDDI, ALBERT V. LÖWEN, IGOR

20 EUSTACHIUS U. GEFÄHRTEN, ANDREAS KIM TAEGON, PAUL CH. HASANG U. GEFÄHRTEN (KOREA), CANDIDA, MARIA TAUSCHER

21 APOSTEL U. EVANGELIST MATTHÄUS, DEBORA, JONAS

22 MAURITIUS, MORITZ, MAURICE, MURILLO, EMMERAN V. REGENSBURG, GUNTHILD

23 HL. P. PIO, THEKLA, LINUS, ROTRUD, GERHILD, HELENA

24 RUPERT U. VIRGIL V. SALZBURG, MERCEDES, GERHARD, HERMANN D. LAHME

25 NIKOLAUS V. D. FLÜE, KLAUS, NILS, NICOLE, FIRMIN, GOTTFRIED THELEN, KLEOPHAS, CLEOFA

26 KOSMAS U. DAMIAN, JUSTINA, EUGENIA V. OD., HL. KASPAR STANGASSINGER, MEINRAD, SEL. PAPST PAUL VI.

27 VINZENZ V. PAUL, VINZENZIA, HILTRUD, DIETRICH I., DIRK

28 LIOBA, WENZEL V. BÖHMEN, DIETMAR, KONRAD V. SALZBURG, GISLAR, THEKLA V. KITZINGEN,

29 MICHAEL, MICHEL, MIKE, MICHAELA, GABRIEL, GABOR, RAPHAEL

30 HIERONIMUS, JEROME, VIKTOR U. URS V. S., SOPHIE, SONJA, FIDES, SPES

Oktober

1 THERESIA V. KINDE JESU, THERESITA, MANUEL, WERNER V. WILTEN, GERMANA, GISELBERT

2 ANGELIKA, URSICIN, PETRUS-HERMANN U. JAKOB V. NEUZELLE

3 EWALD, ODO, IRMGARD, GERHARD V. BROGNE

4 FRANZ V. ASSISI, FRANK, AUREA, SEL. FRANZ XAVER SEELOS

5 FLAVIA, PLACIDUS V. SUBIACO, ATTILA, HL. ANNA SCHÄFFER, RAIMUND V. CAPUA, MARIA FAUSTINA KOWALSKA, NIELS STENSON

6 BRUNO, BRUNHILDE, ADALBERO V. LAMBACH, RENATUS, RENE´, JAKOB (AT), MEINRAD

7 ROSA, GEROLD V. KÖLN, JUSTINA, GEORG V. PFRONTEN, ERNST V. NERESHEIM, GEORG ERHART

8 GÜNTER V. REGENSBURG, SIMEON V. JERUSALEM, AMOR, DEMETRIOS, BENEDIKTA, VIKTRIZIUS

9 DIONYSIOS V. PARIS, DENISE, GUNTHER, ABRAHAM, SARA, SIBILLE, JOHANNES LEONARDI, SEL. JOHN H. NEWMAN

10 GEREON, KASSIUS U. FLORENTINUS, VIKTOR, VICO, JAKOB SPIEGEL, SEL. DANIELA COMBONI

11 BRUNO V. KÖLN, ETHELBURG, QUIRIN, SEL. JAKOB GRIESINGER, SEL. PAPST JOHANNES XXIII.

12 MAXIMILIAN V. PONGAU, MAX, EDWIN, GOTTFRIED, HERLINDE, OTTO MÜLLER, EDWIN

13 AURELIA, KOLOMAN, EDUARD, BELINDE, THEOPHILUS V. ANTIOCHIEN, GERALD, SEL. BELISIND

14 BURKHARD, KALIXTUS I., ALAN V. AUXERRE, ALAIN, FORTUNA HILDEGUND

15 THERESIA V. AVILA, THERESITA

16 GALLUS, HEDWIG V. ANDECHS, HETTA, MARGARETHA M. ALACOQUE, MARGIT, GERHARD MAJELLA

17 IGNATIUS V. ANTOCHIEN, IGNAZ, ANSELM V. WIEN, RUDOLF V. GUBBIO

18 EVANGELIST LUKAS, GWENN, MONO, HONESTA

19 PAUL V. KREUZ, FRIEDA, JEAD. BREBEUF, ISAAK, JOGUES U. GEFÄHRTEN, LAURA

20 WENDELIN, WANDA, VITALIS, HELMUT, IRENE V. PORTUGAL, JAKOB F. KERN

21 URSULA V. KÖLN, URSEL, VERENA U. GEFÄHRTEN, HILARION(A), IRMTRAUD, SEL. KAISER KARL

22 CORDULA, CORA, CORINNA, INGO, BLANDINA, SALOME V. GALILÄA, SELMA HL. PAPST JOHANNES PAUL II.

23 JOHANNES V. CAPESTRANO, ODA V.METZ, UTE, ROMAN V. ROUEN, SEVERIN V. KÖLN

24 ANTONIUS M. CLARET

25 DARIA U. CRYSANT, KRISPIN, LUDWIG V. ARNSTEIN

26 AMAN, GERWICH U. WIGAND

27 WOLFHARD

28 APOSTEL SIMON U. JUDAS THADDÄUS, SIMONE, ALFRED D. GR.

29 NARZISSUS, MARGARETHE V. HOHENFELS, SR. RESTITUTA

30 DIETGER, BERNHARD SCHWENDTNER, HERMELINDE

31 WOLFGANG V. REGENSBURG, WOLF DIETER, JUTTA, NOTBURG V. KÖLN, QUINTIN

November

1 RUPERT MAYER, ARTHUR O´NELLY, HARALD, LUITPOLD, GUNDA, WOLFHOLD V. ADMONT

2 ANGELA V. STOLLNBERG

3 HUBERT, IDA, IDDA, SILVIA, MARIAN, MARTIN V. PORRES, PIRMIN, VIKTORIA

4 KARL BORROMÄUS, KAROLINE, KAROLA, CHARLOTTE, LOTTE, REINHARD

5 ELISABETH U. ZACHARIAS, EMMERICH, BERTHILD, BERTILA, BERNHARD LICHTENBERG

6 LEONHARD V. LIMOGES, CHRISTIN V. KÖLN, RUDOLF, ROLF, MODESTA

7 ENGELBERT, WILLIBROD V. ÜTTRECHT, KARINA, ERNST, ERNESTINE, SEL. ELISABETH V. DIJON

8 GOTTFRIED V. AMIENS, GÖTZ, JOHANNES DUNS SCOTUS, CLAUDIUS, SEL. ELISABETH V. D. DREIF.

9 ROLAND, THEODOR, HERFRIED

10 LEO D. GR., JUSTUS, HERMANN LANGE, EDUARD MÜLLER

11 MARTIN V. TOURS, MORTEN, MARTINA, TINA, MENNAS

12 ÄMILION, EMIL, JOSAPHAT, DIEGO V. ALCALA, DIDACUS, KUNIBERT

13 STANISLAUS KOSTKA, BRICTIUS, WILHELM V. RINCHNAS, KARL LAMPERT U. GEFÄHRTEN

14 ALBERICH V. UTRECHT, SIDONIUS

15 LEOPOLD III. V. ÖSTERREICH, MARINUS U. ANIARUS, DESIRE`, RAPHAEL JOSEPH KALINOWSKI

16 ALBERT D. GR., ALBERTA, OTHMAR V. ST. GALLEN, MARGARETHE V. S., EDMUND

17 GERTRUD V. HELFTA, GERDA, VIKTORIA, HILDA V. WHITBY, HILTRUD, SALOME, SELMA, FLORIN

18 ODO V. CLUNY, ODDO, GERUNG, ANGIBERT

19 ELISABETH V. THÜRINGEN, LISA, BETTINA, ILSE, ISABELLA, MECHTHILD

20 KORBINIAN V. FREISING, BERNWARD, EDMUND V. OSTAGLIEN, EDI

21 UNSERE LIEBE FRAU IN JERUSALEM, JOHANNES V. MEISSEN

22 CÄCILIA, CILLI, SILKE, SALVATOR LILLI

23 CLEMENS V. ROM, KLEMENTINE, KOLUMBAN, DETLEV, FELIZITAS V. ROM

24 FLORA V. CORDOBA-JASMIN, MODESTUS, ALBERT V. LÜTTICH, CHRYSOGONUS

25 KATHARINA V. ALEXANDRIEN, KATHRIN, KARIN, EGBERT, ELISABETH V. R.

26 GEBHARD U. KONRAD V. KONSTANZ, KURT, UDO

27 MARIA V.D. WUNDERTÄTIGEN MEDAILLE, ODO V. BRABANT, JOSAPHAT V. INDIEN

28 BERTA V. BINGEN, GÜNTHER V. KREMSMÜNSTER

29 FRIEDRICH V. REGENSBURG, FRITZ, JOLANDA, FRANZ J. RUDIGER, FRANCESCO ANTONIO FASANI

30 APOSTEL ANDREAS, ANDREW, ANDRE, ANDREA

Dezember

1 NATALIE, BIANCA, CHARLES DE FOUCAULD, ELIGIUS, EDMUND, MARIA CLEMENTE ANUARITE

2 BIBIANE, WISINTO V. KREMSMÜNSTER, LUZIUS, JOHANNES V. RUYESBROECK

3 FRANZ XAVER, GERLIND V. ELSASS, EMMA, JOHANNES N. V. TSCHIDERER, CLAUDIS V. ROM

4 BARBARA, BETTY, CHRISTIAN V. PREUSSEN, KARSTEN, ADOLF KOLPING

5 ANNO V. KÖLN, HERWIG, HARTWICH V. SALZBURG, REINHARD V. LÜTTICH

6 NIKOLAUS V. MYRNA, KLAUS, NIKLAS, NIELS, NIKITA, NICOLE, DIONYSIA, DENISE, HENRIKE

7 AMBROSIUS V. MAILAND, GERALD

8 IMMACULATA, ELFRIEDE, EDITH U. SABINE V. COESTRE

9 LEOKADIA, PETRUS FOURIER, EUCHARIUS, THEODERICH V. KREMSMÜNSTER, LIBORIUS WAGNER, VALERIA, ABEL, HANNA, JEAN DIEGO

10 ANGELINA, BRUNO, BRUNHILDE

11 TASSILO III., V. BAYERN, DAVID V. HIMMEROD, DAMASUS, ARTHUR BELL, WILBIRG V. ST. FLORIAN

12 JOHANNA FRANZISKA V. CHANTAL, HARTMANN, HORST, DIETRICH V. KREMSMÜNSTER, DIETER, DIRK

13 LUZIA, ODILIA V. ELSASS, JODOK, JOBST, JOST

14 JOHANNES V. KREUZ, BERTHOLD V. REGENSBURG, FRANZISKA SCHERVIER

CHRISTINA V. GEORGIEN, WUNIBALD, CARLO STEEB, LUKAS ETLIN

16 ADELHEID, ELKE, HEIDRUN, DIETRICH V. ROMMERSDORF, DIETER, DIRK

JOLANDA V. VIANDEN

18 PHILIPP V. RATZENBURG

19 URBAN V., KONRAD V. LICHTENAU, BENJAMIN, SUSANNA

20 EUGEN, HEINRICH EGHER, REGINA HUETER, GINA, HOLGER V. BREMEN

21 HAGAR, RICHARD V. ADWERTH, RICARDA, PETER FRIEDHOFEN

22 JUTTA V. DISIBODENBERG, MARIA DER SCHOTTE, BERTHEID

23 DAGOBERT, VIKTORIA, VICKY, YVETTE, IVELIN, THORLAK, THORSTEN

24 ADAM U. EVA, EVELINE, EVITA, GLORIA, ADALBERT, BERT, HERMINE, IRMINA, HERMA

25 NATALIS, EUGENIO V. ROM, EMMANUEL, MANUEL(A), ANASTASIA, PETRUS VENERABILIS, ALBERT CHMIELOWSKY, MARI T. V. WÜLLENWEBER

26 STEFAN, STEFEN

27 EVANGELIST JOHANNES, HANNES, HANSJÖRG, JONNY, FABIOLA

28

29 DAVID, ISAI, JESSE, TAMARA, THOMAS BECKET, THOMA, LOTHAR

30 GERMAR, FELIX, RICHARD V. ARNBERG, RICARDO, SABINUS

31 SILVESTER, MELANIE, MELA, APOLLNIA, PAULINE V. ROM, KATHARINA LABOURE

Aus der selben Reihe

Berufen zur Ehe

Wiederentdeckung der Verlobung (vergriffen)

Familiengedächtnis – Familienchronik

Getrennt, geschieden, wiederverheiratet in der Kirche

Junge Menschen auf dem Weg zu Christus (Neuauflage 2017)

Die Kirche erwacht in den Häusern

Wenn der Partner nicht mitmacht

Geheimnis der ehelichen Liebe

EHE FAMILIE BUCH
BUCHHANDLUNG VERLAG
5225 Jeging, Österreich, **www.ehefamiliebuch.at**